예루살렘 밤의 대화

KARDINAL CARLO M. MARTINI
GEORG SPORSCHILL
JERUSALEMER NACHTGESPRÄCHE
über das Risiko des Glaubens

Copyright © Verlag Herder GmbH
Freiburg im Breisgau 2nd edition 2008
All rights reserved.

Translated by CHOI Soo Im

Korean translation copyright © 2010 by Benedict Press
Waegwan, Korea.

Published by arrangement with Verlag Herder GmbH
Freiburg im Breisgau, Germany.

예루살렘 밤의 대화
2010년 8월 초판 | 2011년 6월 재쇄
옮긴이 · 최수임 | 펴낸이 · 이형우
ⓒ **분도출판사**
등록 · 1962년 5월 7일 라15호
718-806 경북 칠곡군 왜관읍 왜관리 134의 1
왜관 본사 · 전화 054-970-2400 · 팩스 054-971-0179
서울 지사 · 전화 02-2266-3605 · 팩스 02-2271-3605
www.bundobook.co.kr
ISBN 978-89-419-1010-7 03230
값 8,500원

이 책의 한국어판 저작권은
Verlag Herder GmbH와 독점 계약한 분도출판사에 있습니다.
저작권법에 의해 한국 내에서 보호를 받는 저작물이므로
무단 전재와 무단 복제를 금합니다.

예루살렘 밤의 대화

추기경, 청춘의 물음에 답하다

카를로 마르티니 · 게오르크 슈포르실 | 최수임 옮김

분도출판사

Jerusalemer
Nachtgespräche
über das Risiko des Glaubens

들어가며	6
용감한 교회를 위하여	9
1장 삶의 무게	13
2장 결단하는 용기	57
3장 친교와 우정	77
4장 하느님께 기대어	109
5장 사랑 배우기	123
6장 열린 교회를 위하여	137
7장 불의에 맞서라	159

들어가며

몇 해 전부터 알고 지내는 빈Wien 출신 여성이 한 분 있습니다. 그분에게서 늘 게오르크 슈포르실Georg Sporschill 신부 이야기를 들어 왔습니다. 게오르크 신부는 루마니아와 몰디브에서 거리의 아이들을 돌보는 사회사업을 벌였는데, 그 부인은 오래전부터 그를 후원하고 있었지요.

게오르크 신부가 예루살렘에 온다는 소식에 반가웠습니다. 그가 맡은 청소년 사목에 대해 들은 이야기가 많은 터라 궁금한 것도 많았습니다. 게오르크 신부에 대해서라면 『나의 문제. 칼 라너가 젊은이들에게 답하다』*Mein Problem. Karl Rahner anwortete jungen Menschen*를 통해 접한 것이 고작이었으니까요. 게오르크 신부가 청소년들에게 그들 자신의 문제를 모아 칼 라너에게 편지를 쓰게 하고 그 내용을 바탕으로 엮은 흥미로운 책이지요.

예루살렘에서 만난 우리는 요즘 젊은이들에 대해 많은 이야기를 나누었습니다. 나는 일찍 일어나는 사람이었지만 밤늦도록 대화가 이어지기 일쑤였지요. 우리는 꿈에 다가갔습니다. 생각은, 정신 말짱한 대낮보다 밤에 더 잘 떠오르기 마련입니다. 젊은이들은 무슨 꿈을 꾸고 있을까요? 세상이 젊은이들에게 기대하는 것은 무엇일까요? 험한 세상은 젊은이들의 투신을 바라고 있습니다.

이슥한 밤, 예루살렘에서 나눈 대화를 책으로 엮었습니다. 가장 중요한 것은 젊은이들이 품은 문제입니다. 그들은 요즘도 교회와 위정자, 기득권층을 비판하는 데 관심이 있을까요? 아니면 멀찍이 떨어져 침묵하고 있을까요? 갈등이 있는 곳에 불이 타오르고 그곳에서 성령께서 일하신다는 것이 나의 신념입니다. 젊은이들과 만나면서 이 점을 무수히 체험했습니다.

모든 것이 선물입니다. 네댓 살 무렵, 어머니는 나를 '예쁜 어린이 선발대회'에 내보내셨습니다. 아이들이 한 줄로 서 있다가 구령 소리와 함께 달려나가야 하는 순서도 있었습니다. 생김새와 더불어, 얼마나 활발한 아이인지도 보겠다는 뜻이었나 봅니다. 그런데 나는 구령 소리를 듣지 못했습니다. 다들 달리고 있는데 나만 멀뚱히 서 있었지요. 그런데 진행자는 나를 일 등 자리에 앉혀 주는 것이었습니다!

이 어린 날의 일화는 내 인생의 축소판입니다. 나는 숱한 부르심을 헛듣거나 듣고도 신경 쓰지 않았습니다. 수도회는 그럼에도 나를 로마 교황청 성서대학 학장에 앉혔습니다. 예수회원은 주교가 될 수 없고 토리노 출신인 나는 밀라노에는 가 본 적도 없는데, 교황은 나를 밀라노 대주교에 임명했습니다. "나 자신이 얼마나 적은 노력을 기울여 큰 안식을 얻게 되었는지 너희 눈으로 보아라"(집회 51,27) 하신 지혜의 말씀을 빌려도 좋을까요? 인생은 하느님이 선하신 분임을 보여 주었습니다. 하느님은 평화로운 세상을 만드는 데 우리를 동참시키고자 애쓰십니다. 그분은 포기하시는 법이 없지요.

이 책은 두 사람이 썼습니다. 책에 대한 모든 책임은 나와 게오르크 신부가 집니다. 눈 밝은 독자라면 내 경험에서 나온 부분과 게오르크 신부가 국내외 젊은이들과 더불어 경험한 부분을 쉽게 분간할 것입니다.

이제 이 작은 책을 손에서 내려놓습니다. 우리 둘에게는 참 소중한 추억입니다. 젊은이들과 나눈 대화가 우리를 움직였습니다. 우리는 그들과 함께 열린 교회를 체험했습니다. 젊은이들은 불의에 맞서 싸우면서 사랑을 배웁니다. 험한 세상, 그들이 희망입니다.

2007년 11월, 예루살렘에서
카를로 M. 마르티니 추기경 SJ

용감한 교회를 위하여

그 무렵 나는 예루살렘 교황청 성서대학 정원에 있는 종려나무 아래 앉아 있곤 했습니다. 볼프강 페네베르크, 루트 첸케르트와 함께 지도자들을 대상으로 성경을 가르치는 소식지 「성경 메일」*Bimails*을 준비하던 때였지요. 이때 카를로 마리아 마르티니Carlo Maria Martini 추기경과 종종 마주치게 되었습니다. 추기경은 내가 거리의 아이들과 함께하는 활동에 관심을 보였고 우리는 친구가 되었습니다.

마르티니 추기경은 예수회원으로서, 1980년부터 2002년까지 세계에서 가장 큰 밀라노 교구 대주교를 지냈습니다. 그는 4세기 밀라노 교구에 평화를 가져온 위대한 주교 암브로시우스Ambrosius와 똑같은 기간 동안 재임했습니다. 그리고 일흔다섯이 되자 소임을 물려주었습니다. 마르티니 추기경은 밀라노 주교관을 떠나 자신의 '첫사랑' 도시 예루살렘의 소박한 수도원 골방으로 물러났지요. 이곳에서 그는 세계 각지에서 온 학생들과 함께 지내고 있습니다. 그와 함께 피정을 하고, 그에게 감사를 표하고, 그의 조언을 듣기 위해 많은 사람이 찾아오고 있답니다. 추기경은 말합니다. "교회와 우리 교구를 위해 기도하는 것, 그것이 지금 제 사명입니다." 그는 다시 성경 말씀을 연구하고자 합니다. 그에게 시간이 얼마나 남았는지는 알 수 없습니다.

마르티니 추기경은 여러 해 동안 '교황 후보'(papabilis)로 거론되었는데, 그가 파킨슨병을 앓고 있다는 것이 걸림돌이 되었는지 모릅니다. 이탈리아 언론은 그의 용기 있고 개방적인 태도 때문에, 그를 교황에 맞서는 '반反교황'(Anti-Papa)으로 묘사하곤 했습니다. 그러면 추기경은 미소로 답했지요. "그렇다면 나는 '선先교황'(Ante-Papa), 그러니까 교황을 선도한 사람이자 예비한 사람이군요." 교황 베네딕도 16세도 그에게 자신의 책 『나자렛 예수』*Jesus von Nazareth*를 프랑스 독자들에게 소개해 달라고 부탁하지 않았던가요? 『나자렛 예수』는 예수라는 매력적 인물을 향한 신앙고백입니다. 마르티니 추기경은 우리가 새로운 관점으로 예수와 대면하게 합니다. 예수는 세리와 죄인들의 친구이며 젊은이들의 물음에 귀 기울입니다. 예수는 소요를 일으키고, 우리와 함께 불의에 맞서 싸웁니다.

밤은 어둠과 상상의 시간이자 감각이 예민해지는 시간입니다. "밤이 깊으면 새벽이 멀지 않습니다." 이런 의미에서 그리스도인의 역사가 시작된 장소 예루살렘에서 나눈 대화는 불확실성의 시대에 신앙이 나아갈 길을 밝혀 준다 할 수 있겠지요.

우리의 대화를 통해 열매 맺은 추기경의 성찰과 답변은, 용감하고 믿음직한 교회로 나아가는 길을 우리 모두에게 열어 줍니다.

2007년 11월, 예루살렘에서
게오르크 슈포르실 SJ

1장 삶의 무게

친애하는 게오르크 신부님! 밤이 늦었네요. 이제야 거리의 아이들이 모두 잠들어 '라자로 사회복지 센터'가 조용해졌어요. 저희는 마르티니 추기경님께 드릴 질문을 준비하러 모였어요. 저희 대부분은 독일과 오스트리아에서 온 자원봉사자들로, 모두가 신부님을 따라 예루살렘에 가서 추기경님을 직접 뵙고 싶어 한답니다. 추기경님은 대단한 분이세요. 저희 질문에 정말 솔직하고 거침없이 답변해 주시는 분이지요. 신앙에 대해서뿐 아니라 그분 인생에 대해서도 꼭 여쭤 봐 주시겠어요? 저희는 호기심이 많거든요. 자정이 넘었으니, 질문들을 적은 종이를 방문 앞에 그냥 두고 갈게요.

벤첼

◀◀◀ 하느님을 믿지 않는 사람에게 추기경이자 신학자로서 하실 말씀이 있다면요?

그에게 묻고 싶어요. 중요한 게 뭔지, 어떤 이상을 품고 있는지, 어디에 가치를 두고 있는지를요. 그리고 그 무엇도 설득하려 들지 않고 이렇게 말하겠어요. "신앙을 한번 내려놓고 살아 보세요. 그리고 자기 자신을 깊이 살펴보세요." 그러면 삶의 각 단계마다 희망을 발견하고, 무엇이 삶에 의미와 기쁨을 주는지 깨닫게 될 겁니다. 진리를 추구하는 신앙인과 많은 대화를 나누는 것도 좋겠지요. 하느님 당신의 존재를 인식할 수 있는 은총을 그분께서 내려 주실 겁니다.

◀◀◀ 추기경님은 어떻게 하느님을 믿고 체험하게 되었나요?

부모님이 내게 신앙을 선물하셨어요. 어머니가 기도하는 법을 가르쳐 주셨지요. 학교 친구들도 중요한 역할을 했습니다. 친구들 덕에 신앙이 더욱 튼튼해졌지요. 내 고향 이탈리아는 그리스도교 국가입니다. 어디를 가나 신앙의 증거를 발견할 수 있지요. 예수회원인 나는 이냐시오 영신수련을 통해 하느님과 깊은 내적 관계를 맺었어요. 예수님이 사랑하시는 제자 요한과 우정을 맺으셨듯이요. 숱한 인생 역경을 겪으면서 그분을 신뢰하게 되었어요. 전쟁과 테러, 내밀한 두려움에서 그분은 나를 수없이 구해 주셨습니다. 좋은 사람도 참 많이 만났지요. 하느님은 선하신 분이시며 누구에게나 길을 마련하셨다는 것을 인생은 내게 가르쳐 주었습니다.

내 소임은 늘 신앙을 이야기하는 것이었어요. 거기서 가장 많이 배웠습니다. 귀 기울여 듣는 것만으로 충분한 때도 있었어요. 밀라노에서는 새로운 해답을 찾는 데 청소년들이 큰 도움이 되었습니다. 타인을 신앙으로 이끌면서 나 자신도 신앙에 대해 많이 배우게 됩니다.

하느님 체험은 인생에서 가장 쉽고도 중요한 일입니다. 나는 그분을 자연과 별과 음악과 문학과 사랑과 성경 말씀에서 체험하고, 그 밖에 무수한 방법으로 만나지요. 이것은 주의를 기울여야 하는 기술입니다. 사랑의 기술이나 작업 기술처럼 배워야 하는 것이랍니다.

◀◀◀ 추기경님도 하느님을 원망하실 때가 있나요?

일상에서는 어려움이 별로 없어요. 하지만 큰 의문 앞에서는 다르지요. 우선 왜 하느님께서 당신 아들을 십자가에서 고통받게 하셨는지 이해할 수 없었어요. 이런 물음이 나를 괴롭힐 때면 제아무리 주교라지만 십자가를 쳐다보기 힘들었어요. 그때 하느님을 원망했지요. 죽음이라는 문제도 있군요. 사람은 죽습니다. 하느님이 그것을 원하실까요? 그분은 당신 아들의 죽음으로 인간의 죽음을 갚아 주셨습니다. 이렇게 씨름하다가 뒤늦게 신학의 도움을 받았어요. 죽음 없이는 자신을 온전히 하느님께 맡길 수 없다는 것을 깨달았지요. 우리는 일신의 안녕을 위해 비상구를 하나쯤 열어 두려 하는데, 그것은 자기희생이 아니에요. 그렇지만 죽음의 순간에는 희망을 하느님께 걸고, 그분을 믿을 수밖에 없습니다. 나도 죽음을 맞이할 때 이렇게 하느님을 따르게 되기를 바랄 뿐입니다.

◀◀◀ 신학자이신 추기경님도 신앙 문제로 힘드신 때가 있나요?

두려움과 턱없이 모자란 믿음이 문제랍니다. 그분은 내게 벅찬 사명을 주실 때가 있어요. 주교나 큰 대학의 교수가 되고, 테러리스트를 상대하고, 교회 일치 문제를 다루고, 교황의 자문에 응하는 일들이 그렇습니다. 솔직히 심리적 압박을 느끼고 여러 갈등 속에서 힘들어했지요. 하느님을 탓하지는 않았지만 이렇게 물었어요. "제가 할 수 있을까요? 꼭 해야 하나요? 왜 저인가요?"

사람들이 나를 떠나거나 내가 그들을 떠날 때, 무력함을 느낄 때는 그분을 원망도 했습니다. 하느님은 때로 여러분에게 커다란 과제를 주시고 많은 사람을 맡기십니다. 하지만 여러분이 과제를 해결할 가능성은 희박해요. 근심만 남을 뿐이지요. 그때마다 나는 시편에서처럼 "어찌하여 제게?"라고 묻곤 했어요. 그러면 의혹 속에서도 새롭고 심오한 무언가가 솟아나는 걸 느껴요. 처음에는 힘들었지요. 이런 경우 하느님에 대한 신뢰가 우선되어야 하지만, 간혹 의심과 질문도 출발점이 될 수 있답니다.

평생 하느님은 나를 이끄시고 투정을 받아 주셨어요. 그러니 하느님을 원망할 이유는 없지요. 그분은 내게 아름다운 길을 마련해 주셨습니다. 나를 가르치고, 지지하는 많은 사람을 내 편에 세우셨어요. 그렇게 점점 더 하느님께 사랑받고 받아들여진다고 느끼게 되었습니다.

◀◀◀ 당장 눈앞에 예수님이 계시다면 뭘 물어보고 싶으세요?

이렇게 나약하고 실수 많은 나를 사랑하시는지 묻고 싶어요. 물론 알고는 있지만, 그래도 나를 사랑하신다는 말을 그분께 직접 한번 듣고 싶네요.

죽을 때 마중 나와 주실지, 나를 받아 주실지도 묻고 싶어요. 힘들 때, 가령 이별할 때나 세상을 떠날 때 내 손을 잡아 주고 두려움을 이겨 낼 수 있도록 도와줄 천사나 성인이나 친구를 보내 달라고도 청하고 싶어요.

내가 지금도 주교라면 이렇게 물을 겁니다. "한 점 부족한 것 없어 보이는 젊은이들이지만 그들에게도 교회가 지닌 천상 보물이 필요해요. 하지만 그들은 교회와 단절되어 있습니다. 서로 가까워질 수는 없나요?" "젊은이들을 저렇게 만사에 무관심한 채로 내버려 두실 겁니까? 그들은 때로 삶의 기쁨마저 잃은 듯 보입니다."

주교였을 때는 이렇게 청하곤 했습니다. "더 나은 방도를 일러 주세요. 우리를 사랑 안에서 더욱 강하게 하시고, 오늘날의 문제들을 다루는 데 필요한 용기를 주세요." 이렇게도 물었지요. "사제가 왜 이것뿐이죠? 수도자는 왜 이리 부족한가요?" 그러나 지금은 이렇게 청할 뿐입니다. "이대로 저를 받아 주세요. 혼자 두지 마세요."

◀◀◀ 그리스도인들은 모든 것이 사랑에서 창조되었다고 믿습니다. 그럼 악은 어디서 오나요? 고통은 또 왜 이렇게 많아요?

　세상의 악을 보고 있으면 숨을 제대로 쉴 수가 없어요. 신이 없다고 결론 내린 사람들도 이해가 갑니다. 우리가 믿음의 눈으로 세상을 있는 그대로 보는 바로 그 순간, 변화는 일어납니다. 믿음은 사랑을 일깨우고, 사랑은 타인에 대한 헌신으로 이어지지요. 그리고 고통이 있더라도 헌신에서 희망이 생겨납니다.

　시간이 흐르면서 우리는 악이 사람들 속에 있는 선한 힘을 일깨운다는 것을 느끼곤 하지요. 거리의 아이들과 노숙자들, 망명 희망자들은 하늘 아래 제 몸 하나 누일 자리도 없어 보입니다. 나에게 악이란 이런 상황을 초래하는 현실입니다. 수천 명의 목숨을 앗아 가 버리는 자연재해도 '세상의 악행'입니다.

　하지만 바로 이런 악이 선한 힘을 일깨우는 모습도 거듭 드러납니다. "가서 돕자!" 젊은이들이 일어납니다. 이렇게 악이 사람들 안에 있는 선을 이끌어 내지요. 만족스러운 설명이 되진 못하겠지만, 우리는 고통에서 많은 것을 배운다는 사실을 이미 알고 있습니다.

악의 근원에 대해서는 아무도 대답할 수 없습니다. 답에 근접할 수는 있어요. 하느님이 인간에게 자유를 선물하셨다는 것이지요. 하느님은 로봇이나 노예가 아닌, 동반자를 원하십니다. 동반자는 무언가에 '예'나 '아니요'로 답할 수 있습니다. 사랑할 수도 있고, 사랑하지 않을 수도 있지요. 동반자는 강요받지 않습니다.

하지만 자유에는 고통도 따르는 법이에요. 하느님의 사랑이나 선善을 거부할 수도 있습니다. 그분이 나를 필요로 하여 부르실 때도, "싫어요. 저는 다른 게 좋아요. 돈이나 지금 당장 만족할 만한 게 필요하다고요"라고 답할 수 있어요. 이 때문에 많은 사람이 타인을 불행하게 만들고, 끝내는 자신도 불행해지고 맙니다. 우리는 이것을 자유에서 비롯된 악이라고 부르지요. 자유가 언제나 선을 위해 쓰이는 것은 아닙니다. 타인과 주변과 자신을 파괴하기도 하지요.

우리가 선택할 수 있다고 생각해 봅시다. 어떠한 악도 행할 수 없는, 자유롭지 않은 사람이 되고 싶나요? 그건 로봇이나 노예일 뿐입니다. 사랑할 수 있고, '예', '아니요'로 답할 수 있는 사람이 되고 싶다면 감수해야 합니다. 자유와, 그에 따르는 모든 위험에 대해 하느님께 감사드려야 합니다. 사랑은 하느님께서 우리를 동반자로 여기시는 신비에서 비롯되며, 우리는 하느님의 사랑에 응답하는 일에 열중해야 합니다.

◀◀◀ 왜 누구는 행복하고 누구는 불행한가요?

누가 행복합니까? 나는 가난한 나라에서 궁핍하게 살면서도 유럽의 부유한 나라 사람들보다 훨씬 행복하게 사는 사람들을 알고 있습니다. 가난한 부자가 있는가 하면 부유한 가난뱅이도 있답니다. 재물은 위험합니다. 우리는 행복을 위해, 보다 큰 정의를 위해 재물을 사용해야 합니다. 재물이 우리를 짓누르게 해서는 안 됩니다. 예수님은 실제로 이렇게 걱정하셨지요. "부자가 하느님 나라에 들어가는 것보다 낙타가 바늘구멍으로 빠져나가는 것이 더 쉽다"(마태 19,24).

우리가 간과해서는 안 되는 문제는 많은 사람이 고달픈 인생을 살고, 굶주림에 시달리고, 심각한 질병으로 고생하는 것입니다.

◀◀◀ '왜' 그런지에 대해 답할 수 없다면 달리 물을게요. 우리는 '어떻게' 고통이나 불행과 더불어 살아갈 수 있을까요?

첫째, 불행은 끊임없이 닥쳐오며 우리를 자극합니다. 건강한 사람들은 불행에 어떻게 대응할까요? 그들은 불행이 닥쳤을 때 그에 맞서야 한다고 생각합니다. 이탈리아가 테러리즘에 시달리던 시절에 나는 감옥에 있는 테러리스트들을 만나 보았습니다. 그들은 정말로 불행했어요. 공격적이고 호전적이며 절망에 빠진 사람들이었지요. 그들은 평생 감옥살이를 해야 할 운명이었습니다.

불행이 닥치더라도, 그것을 극복하려는 용기를 낸다면 역동성이 생깁니다. 그러면 불행한 이들은 행복해지고, 행복한 이들은 더욱 감사하게 되지요. 자포자기하지 않으면서, 무한한 잠재력을 깨닫게 됩니다.

둘째, 불행은 대개 인간 때문에 생깁니다. 불행에 직면하면서 우리는 정치적으로 생각하고 정의를 위해 싸우게 됩니다. 아이와 노인, 병자를 돌보고 굶주림과 에이즈에 맞섭니다. 무기를 생산하고 전쟁을 일으키는 자본과 능력을 수많은 긍정적 활동으로 돌릴 수 있습니다. 같은 자본을 더 나은 목표를 위해 쓸 수 있다는 말이에요.

셋째, 저마다 자문해 보아야 합니다. "나는 어떻게 불행에 동참하고 있으며 여기에 어떤 책임이 있을까? 환경 파괴, 지구 온난화, 실업 문제, 급진으로 치닫는 종교, 억압받는 이에 대해서는 어떤 책임이 있을까?" "사랑의 하느님, 대체 왜 이런 고통이 존재합니까?" 하고 탄식만 해서는 안 됩니다. "무엇이 '내' 몫인가?" "어떻게 '내'가 이 상황을 변화시킬 수 있을까?" 하고 물어야 합니다. 나아가 변화를 위해 무엇을 절제하고 포기할 준비가 되어 있는지 자문해야 합니다.

고통에 대한 의문에 근본적으로 대답할 수 없을 때는 자신의 삶에 질문을 던져 보세요. "내가 더 나은 삶을 살기 위해 어디서 무엇을 할 수 있을까?" 내가 행동하면 불행도 변합니다. 이렇게 행동하는 젊은이들이 있습니다.

반면에 텔레비전이나 컴퓨터에 빠져 정신 못 차리는 젊은이도 많습니다. 그렇게 다른 세상으로 도망치는 것입니다. 하지만 자리를 박차고 일어나, 고통에 허덕이는 이들을 도우러 가는 젊은이도 있습니다. 고통받는 이들을 도우면서 자신이 삶의 구원자일 수 있음을 체험합니다. 그들은, 수동적 소비자가 아닌 능동적 주체가 될 때만 실현할 수 있는 가능성을 발견합니다.

망명 희망자에게 언어를 가르치고 그들의 정착을 돕는 젊은 여성이 있는데, 그녀가 언젠가 그러더군요. "텔레비전에서 보셔서 아시겠지만, 그들은 정말 비참하게 살아요. 이 일을 하면서 전에는 몰랐던 기쁨을 느껴요. 불현듯 내가 얼마나 강한 사람인지 깨닫게 되지요. 전에는 알지 못했던 거예요. 내가 돕는 이들 가운데는 내가 아는 그 누구보다 재미있고 상상력이 풍부하고 신앙심이 깊은 좋은 친구가 여럿 있어요."

마약에 빠진 젊은이들은 내게 자기 친구들 이야기를 들려주었습니다. 그들은 하찮은 무지가 어떤 결과를 초래할 수 있는지 깨닫게 되었지요. 모든 것을 깨닫고 비슷한 잘못을 저지르지 않으려다 자기 삶을 극단으로 밀어붙이거나 아예 파괴하는 사람도 있었어요. 사랑의 하느님만이 아시는 일이지요.

불행에는 여러 층위가 있습니다. 나의 신뢰는 고통보다 크고 굳건해졌습니다. 하느님에 대한 나의 굳은 믿음이 병고의 불행과 죽음의 고독도 이겨 내기를 바랍니다. 나는 살면서 전쟁과 테러리즘, 교회의 위기, 질병과 나약함 같은 힘든 일을 많이 겪었어요. 이 모두가 팔십 평생 동안 겪은 온갖 경험 속에 정돈되어 있지요. 내가 겪은 불행은 행복에 비하면 아무것도 아닙니다. 행복은 나누는 것이며, 그저 기다리기만 한다고 오지 않습니다. 우리가 찾아야 하는 것이지요.

◀◀◀ 하느님은 우리에게 뭘 원하실까요?

그분은 신뢰를 원하십니다. 하느님은 당신을 신뢰하시고 사람들이 서로 신뢰하기를 바라십니다. 신뢰는 마음에서 나오는 것이지요. 어릴 때 부모님이나 사랑하는 사람들과 좋은 관계를 맺었다면 믿음직하고 강한 사람이 됩니다. 신뢰를 배운 사람은 업신여기는 말이나 입에 담기 힘든 말을 들어도 두려워하지 않습니다. 오히려 용기를 내어 상대를 돕거나 저항하지요. 그들은 자신을 필요로 할 때 "예"라고 응답할 용기가 있습니다. 하느님은 늘 우리 편에 계시며, 그 사실을 우리가 잊지 않기를 바라십니다. 그분은 우리를 굳세게 만드실 수 있습니다. 거리의 아이들과 노숙자들에게 다가가거나, 교회를 이끄는 큰일을 온전히 우리가 해낼 수는 없습니다. 사람들이 영적 힘이나 거룩한 힘을 믿지 않는 건 교만입니다. 하느님께서는 우리가 당신의 도움과 능력에 의지하기를 바라십니다. 우리는 하느님께서 창조하신 세상과 그분이 원하시는 세상을 위해 이 땅을, 특히 고통과 불의를 변화시킬 수 있어요. 사랑이 가득하고 정의와 즐거움이 넘치는 평화로운 세상을 위해 그분은 우리를 협력자로 삼으십니다.

◀◀◀ 하느님께 가는 길에는 어떤 단계가 있을까요?

젊은이들의 경우, 첫 단계는 질문을 던지는 일입니다. '내 삶에 어떤 사명이 주어졌는가? 나는 무엇을 해야 하고 무엇을 할 수 있을까?' 하고 묻는 것이지요. 이렇게 묻는 사람이 세상에서 하느님의 협력자가 됩니다. 그는 주님께서 자신을 필요로 하시고, 지탱하시고, 동반하신다는 것을 깨닫게 되지요.

힘에 부치거나 이해하기 힘든 일이 닥치면 기도하는 법을 배우게 됩니다. 어릴 적에 배웠거나, 당시는 이해하지 못했던 기도가 도움이 되겠지요. 훗날 어려운 상황에 처하거나 벅찬 문제에 직면하더라도 예전에 배운 기도가 예기치 않게 힘이 됩니다.

하느님께 가는 길도, 도보 여행이나 등산처럼 계획하고 준비해야 합니다. 산을 오르는 사람은 훈련합니다. 육체적 힘처럼 영적 힘도 훈련할 수 있어요. 매일 텔레비전만 보고 컴퓨터 앞에만 앉아 있으면 사랑의 '근육', 상상력의 '근육', 하느님과 맺는 관계의 '근육'이 점점 약해집니다. 연습해야 해요. 바로 기도와 묵상, 대화와 사회참여가 연습이 됩니다. 이를 실천하는 사람은 하느님께 더욱 가까이 다가가며, 하느님의 동반자가 된다는 것을 보다 강하게 느낍니다.

하느님께 가는 여정 중에는 선교사가 되거나 선교를 실천하는 단계도 있습니다. 이것은 무엇을 뜻할까요? 남들과 다르게 경이로운 삶을 살아가는 사람이 우리 주위에는 많습니다. 이웃에 끊임없이 행복을 선사하는 법을 배우는 게 중요합니다. 하지만 그것은 저절로 되는 게 아니지요. 자동차 영업사원이 수완을 익혀야 하는 것처럼 우리도 주어진 과제를 해결하는 법을 배워야 합니다. 우리의 믿음과 이상과 신뢰와 사랑을, 병들고 외롭고 사랑할 줄 모르는 이들에게 어떻게 전할 수 있을까요?

하느님께 가는 길은 이해와 평화를 널리 전하기 위해 낯선 문화로 들어가는 것입니다. 다른 종교를 만나고 외국어를 배우는 것도 그러한 방법입니다.

그리고 마침내 바라보는 단계에 이릅니다. 진정 아름다운 것을 보면 형언할 수가 없습니다. 그런 놀라움이 나를 하느님께 이끌지요. 어려운 상황과 벅찬 과제 앞에서 그분이 나를 지탱하고 강하게 해 주심을 깨달으면서 나는 놀라움을 체험합니다. 인간은 침묵과 고요와 경청 안에서 하느님께 바짝 다가갑니다.

야곱처럼 하느님과 싸워도 좋습니다. 욥처럼 분투하고 회의해도 좋겠지요. 예수님처럼, 마르타와 마리아처럼 탄식하면 어떻습니까? 이 모두가 우리를 하느님께 이끄는 길입니다.

◂◂◂ 세상 끝 날에 하느님은 당신을 그리워하는 이들 모두를 당신 곁으로 이끌어 주실까요?

    나에게는 조금 이르건 늦건 그분이 모든 이를 구원해 주시리라는 희망이 있습니다. 나는 대단한 낙천주의자예요. 나 같은 사람이 많지는 않겠지요. 인생을 되돌아보면 내가 구원받았다는 것을 느끼지 못한 적도 있더군요. 그렇지만 우리 모두를 받아 주시는 자비로우신 주님에 대한 신뢰는 점점 더 강해졌어요. 흔들릴 때도 있었지요. 히틀러나 아동 성폭행 살해범이 하느님 곁에 있을 거라고 상상하기는 힘들어요. 그런 자들은 마땅히 멸망해야 한다고 생각하는 편이 쉽지요. 이 세상에 사는 우리 생각은 그렇지만, 다른 세상에 계신 하느님은 새로운 가능성을 가지고 계실지도 모릅니다. 이러한 가능성은 분명히 열려 있고요. 하느님께 물어보고 싶군요.

    그런 자들이 마음을 열고 하느님의 사랑을 받아들일 수 있을 때까지 머무르는 곳으로 '연옥'이라는 개념이 있습니다. 현대적 표현으로 연옥은 치유의 장소이지요. 그렇게 하느님을 등진 사람, 우리 생각에 완전히 악한 사람도 너그럽고 자비로운 하느님께 구원받을 수 있다는 사실은 우리의 상상력을 뛰어넘습니다.

◀◀◀ 하지만 벌하시는 심판관, 정의의 하느님이시기도 하잖아요?

예수님은 우리가 의롭게 살도록 하느님의 이름으로 싸우셨습니다. 의로움이란 올바르게 행동하는 것만이 아니라, 서로에게 다가가고 약자를 보호하고 돕는 것도 의미합니다. 예수님은 심판과 정의를 도구로 의로움을 이루고자 하셨습니다. 문제는 그 도구를 받아들이는 여러분의 태도입니다. 살면서 주어지는 모든 기회를 우리가 탕진해 버렸을 때 하느님은 무엇을 떠올리실까요? 그렇지요, 지옥입니다. 그곳에 누군가 있는지 없는지 아무도 모르지만, 우리는 염두에 두어야 해요. 지옥은 있습니다. 게다가 이 세상에 있습니다. 막다른 골목에 이른 것처럼 곤경에 처할 때가 있지요. 지옥은 피할 수도 벗어날 수도 없는 곳이에요. '영원한' 상실이지요. 인간이 서로에게 저지르는 악행을 보면 바로 이게 지옥이 아닌가 싶습니다. 스탈린그라드 전투나 유다인 대학살이야말로 지옥이지요.

예수님이 지옥에 대해 하신 설교는 경고입니다. 그러한 지옥을 만들고 그곳에 들어가는 일 없이 살아야 한다는 뜻입니다. 예수님이 우리를 지옥에서 보호하고 해방시키고자 하신다는 것이 결정적 메시지입니다. 지옥에 빠지지 않도록 유의해야 합니다. 다른 이들도 빠지지 않도록 도와야 합니다. 지옥은 경고이자 위협이며 현실이기도 합니다. 하지만 결국 하느님의 사랑이 더 강하다는 믿음을 나는 저버리지 않습니다.

◀◀◀ 연옥이 의미하는 바는 무엇일까요?

연옥은 우리가 지옥에서 보호받을 수 있다는 인간적 표상 가운데 하나입니다. 교회가 연옥 개념을 발전시켰지요. 불행과 지옥을 만든 인간일지라도 죽은 후에 치유될 수 있는 장소가 있을 거라는 의미입니다. 거기서 회심하도록 기회를 한 번 더 주는 셈이지요. 이는 기회의 연장이라는 낙관주의적 사고입니다.

◀◀◀ 좋은 그리스도인은 어떤 사람일까요?

좋은 그리스도인이란 하느님을 믿고 신뢰하는 사람입니다. 그리스도를 공경하고, 더 잘 알고, 그분 말씀에 귀 기울이는 사람이지요. 안다는 것은 성경을 읽고, 그리스도와 이야기하고, 그분의 부름을 받고, 그분을 닮아 가는 것입니다. 그리스도인은 예수님을 향한 사랑이 점점 깊어지면서 타인에게 헌신하고 사회에 봉사하고자 합니다. 사람들을 치유하고, 제자들을 부르고, 권력자를 비판하고, 부자에게 경고하고, 이방인을 받아들인 예수님처럼 행동합니다.

이렇게 우리는 하느님에 의해 지탱되는 존재임을 느낍니다. 여러분이 죽음에 이르렀을 때 하느님께 이렇게 기도하게 되기를 바랍니다.

"하느님, 저는 당신께 의지하나이다. 저를 돌보아 받아들이소서."

◀◀◀ 교육을 통해 이 목표에 도달할 수 있을까요? 바람직한 종교교육은 어떤 모습이어야 할까요?

요즘은 종교교육이 쉽지 않습니다. 세상에는 할 일이 무궁무진한데, 그중에는 종교교육과 상반되는 가치를 지향하는 것이 많기 때문이지요. 주일에 다들 도시를 떠나 교외로 나들이 가거나 주일에도 일해야 한다면, 사제가 목표를 이루기란 쉽지 않습니다. 주말마다 청소년들 앞에 쏟아지는 오락거리들을 한번 생각해 보세요. 내가 어렸을 때는 주일에는 당연히 성당에 가고 식탁에서도 기도했어요. 성경은 그리 자주 읽지 않았어요. 오히려 요즘 들어 그리스도교 가정에서 성경을 많이 읽고, 다른 종교들의 가르침도 가까이 접하더군요.

그리스도교 교육에는 여러 소박한 관습도 포함되지요. 대개는 성탄절, 부활절, 결혼식, 장례식 같은 특별한 날만 떠올리곤 하지만요. 그리스도교 정신이 우리에게 전해 준 것이 무엇인지 생각해 보세요. 인생의 굴곡을 넘는 법을 일러 줌으로써 우리를 위로하고 격려해 주었음을 깨닫게 될 겁니다.

그리스도교 교육은 비판력과 자기주장도 소홀히 하지 않습니다. 청소년들의 질문과 통찰을 경청하고 수용하는 것은 종교교육의 전제 조건입니다.

나는 그리스도교 교육의 기본은 성경이라고 생각합니다. 성경을 근본으로 삼으면 모든 이를 하느님께 이끄는 다양한 기회와 길이 생기지요. 성경을 근본으로 생각하지 않으면 편협과 아집에 빠지고, 하느님의 눈으로 바라보지 못하게 됩니다.

성경을 읽고 예수님의 말씀을 듣는 사람은 예수님이 이교도의 신앙에 놀라워하시는 모습을 발견하게 됩니다. 그분은 사제가 아니라 이교도 사마리아인을 모범으로 내세우십니다. 예수님은 십자가에 못 박힐 때 함께 처형되는 강도까지 하늘로 받아들이십니다. 카인이 좋은 예지요. 하느님은 동생 아벨을 죽인 카인에게 표를 찍어 주시어 누구도 그를 죽이지 못하게 하십니다. 성경 전체에 깃든 주제는, 하느님은 이방인을 사랑하시고 약한 이를 일으키는 분이라는 것이지요. 또한 우리가 다양한 방법으로 모든 이를 돕고 봉사하길 원하십니다. 그렇지만 인간과 교회는 늘 자신들을 절대화하려 합니다.

◀◀◀ 이러한 편협에 빠질 위험에 어떻게 대처해야 할까요?

우리는 '가톨릭'의 지평을 삶에서 구현하는 일에 힘써야 합니다. 다른 이들에 대해서도 알아야 하지요. 예컨대 이슬람교도가 있습니다. 흔히 이슬람교도는 성전聖戰에 동의한다는 둥, 사람들을 호전적으로 만든다는 둥 말하는 사람들이 있습니다. 부분적으로는 그렇기도 하고요. 하지만 코란에는 그런 말이 없습니다. 사람들은 원전原典과 십계명에서 멀어져 자기만의 종교를 만들고 있어요.

이런 위험은 우리에게도 있습니다. 우리는 하느님을 가톨릭적으로 만들 수 없어요. 그분은 우리가 세운 경계와 한계를 초월하여 존재하십니다. 물론 우리 삶에는 경계와 한계도 필요하지만 그것을 하느님과 혼동해서는 안 됩니다. 그러면 그분의 마음과 점점 더 멀어지게 될 뿐이지요. 하느님은 다스리고 길들일 수 있는 존재가 아닙니다. 그 너른 지평을 지켜 가기 위해 끊임없이 성경을 읽는 것보다 좋은 방법을 나는 알지 못합니다. 우리 스스로 성경을 읽어야 다른 사람들에게도 권유할 수 있고, 성경 속에서 찾아낸 보물을 그들과 나눌 수도 있습니다. 훌륭한 성경 교사를 만나는 것은 특별한 행운입니다.

우리가 예수님의 말씀을 따라 가난한 이와 억압받는 이들을 살피고 병자들에게 다가갈 때, 하느님은 우리를 너른 지평으로 인도하시고 폭넓게 생각하는 법을 가르쳐 주십니다.

◀◀◀ 현대 사회에서 그리스도인은 어떤 위치를 점하나요?

그리스도인은 오늘날의 유행이나 대중이 원하는 것들에 휩쓸리지 않습니다. 그리스도인은 그 속에서 행동하고 자신의 의견을 말하지요. 예수님은 제자들과 우리에게 말하십니다. "너희는 세상의 심판관이다." 예수님은 우리를 강한 권좌에 앉히십니다. 심판관은 바로 세상이 방향을 찾도록 돕는 사람입니다. 우리는 사회 조류에 마냥 휩

쓸리는 물 한 방울이 아니라 이 사회가 나아갈 방향을 결정하는 존재입니다. 이렇게 볼 때 그리스도인으로 산다는 것이 쉽지만은 않지요.

◀◀◀ 그리스도교의 근본 원리는 하느님과 이웃에 대한 사랑입니다. 예수 그리스도의 삶이 바로 그러했지요. 과연 사랑은 '다른 어떤 감정보다 고귀'합니까?

그렇습니다. 하지만 사람들이 사랑이라 말하는 것 모두가 진짜 사랑은 아닙니다. 사랑인 것처럼 보일 뿐이지요. 상업, 광고, 심지어 포르노도 '사랑'을 입에 담습니다. 아름답고 좋은 것은 오용되기 마련이지요.

사랑보다 값진 것은 없습니다. 부모님이나 친구 가운데 나를 좋아한다고 자신할 수 있는 이는 누구일까요? 또 내가 좋아하고 신뢰하는 사람은 누구지요? 사랑에 빠지는 것보다 중요한 일이 젊은이에게 또 있을까요?

◀◀◀ 진정한 사랑이 이루어 내는 것은 무엇입니까?

사랑이 깊어지고 완성되었음을 깨닫는 시점이 있어요. 살면서 끊임없이 갈등이나 충돌이 일어날 때가 그렇지요. 관계가 지속되면서 부부나 가족 간에 싸우고 반목하지만 관계가 깨어지는 게 아니라 더 깊이 결속될 때, 사랑이 그 어떤 갈등보다 강하다고 말할 수 있지요. 근심하고 갈등을 회피하는 사랑은 강하지 않습니다.

오늘 내가 열정에 휩싸여 사랑에 빠진다면 멋진 일이지요. 하지만 사십 년 넘게 부부로 사시는 부모님이, "우린 늘 한마음 한몸으로 살았단다. 아이들과 함께 한평생 후회 없이 곱게도 살았지"라고 말씀하실 때, 이것이야말로 진정 굳건하고 완성된 사랑이 아닐까 싶어요. 그들은 일상의 단조로움과 모든 것을 함께 견뎌 내야 한다는 것을 다 이해하고 있을 겁니다.

직업도 마찬가지입니다. 나는 앞으로 일 년 동안 사회복지 일을 할 생각입니다. 실은 계속 그 일을 하고 싶어요. 단체에 들어갈 수도 있고, 개별적으로 사람들을 도울 수도 있겠지요. 타인과의 결속을 향해 과감히 몸을 던진 그곳에 강한 사랑이 있습니다. 사람의 힘만으로 강한 사랑을 만들어 낼 수는 없습니다. 하느님께서 선사하셔야지요. 나는 그 사랑을 완성된 사랑이라 생각합니다.

◀◀◀ 사랑은 정말 무한한가요?

사랑은 끝이 없습니다. '무한하다'라는 말을 글자 그대로 받아들일 때 그 사랑은 하느님께 이어지지요. 사랑은 아주 실제적이기도 해요. 젊은이들은 서로 어울려 지내는 법을 배워야 합니다. 정신적인 면은 물론이고 육체적인 면까지도요. 사회를 배우고 기도를 배워야 합니다. 이 모든 것이 사랑의 모습이지요. 사랑에는 시행착오가 있을 수 있으며, 두려움이 없습니다. 우리는 사랑에서 생겨난 것과 단순한 욕구에서 생겨난 것을 분별하기 위해 내면에 귀 기울여야 합니다. 내면의 응답은 우리의 고유한 정서를 찾아 주고 교회로 돌아오게 합니다.

한때 즐거웠던 관계가 사랑이 아니었음을 깨닫게 되는 순간이 있습니다. 이때 자신을 냉정하게 보면서 부정적 경험을 통해 배우는 게 중요합니다. 이렇게 사랑의 완성을 향해 계속 나아갑니다. 책상 앞에 앉아서 배울 수 있는 일이 아닙니다. 여기에 교회의 사명이 있다고 생각해요. 사랑의 길을 걷는 이들과 동행하고, 그들에게 묻고, 곁에 머물고, 때로는 말없이 있는 것입니다. 그렇게 우리는 사랑의 길과 하느님께 가는 길을 한 걸음 한 걸음 걷고 있다는 사실을 발견하며 계속 나아갈 수 있습니다.

◀◀◀ 사람을 향한 하느님의 사랑과 사람 사이의 사랑은 어떻게 구별되나요?

하느님의 사랑은 인내력이 매우 강합니다. 쉽게 무너지지 않지요. 사람 사이의 사랑은 때로 한계에 부딪히는 반면, 하느님의 사랑은 모든 것을 견뎌 냅니다. 하느님은 이익을 따지지 않으십니다. 하느님의 사랑은 의도나 목적에서 자유롭습니다. 사람들은 젊고 잘생겼다는 이유로 누군가를 좋아하고, 젊음만을 원하기도 합니다. 반대로 하느님의 사랑은 무조건적이고 순수합니다. 그분의 사랑은 강합니다. 대가를 바라지 않습니다. 그분의 사랑은 사람들의 약점과 실수에 흔들리지 않습니다. 그 반대입니다. 그러므로 하느님의 사랑이 절실히 필요할 때 우리는 그 사랑을 아주 특별하게 느낄 수 있습니다.

사람들은 그렇지 않지요. 사람들은 타인의 결점을 보면 그에게서 등을 돌리려 합니다. 하느님은 이렇게 말씀하실 것입니다. "너는 참 부족하구나. 그러니 너에게는 내가 꼭 필요하고 나는 너를 특별히 사랑한단다."

◂◂◂ 예수님이 보여 주신 사랑의 특징은 무엇입니까?

예수님은 당신의 삶과 말씀을 통해 하느님의 사랑을 우리에게 드러내 보이셨습니다. 그분에게는 친구가 많았어요. 제자들을 불러 함께 지내셨지요. 제자들은 예수님이 일하고, 설교하고, 치유하시는 모습을 지켜볼 수 있었습니다. 그들은 예수님과 함께 거닐기도 했고 예수님이 기도하시는 모습도 보았습니다. 예수님은 친교의 스승이셨으며, 이것이 그분 사랑의 특징입니다.

가난한 이들과 나누신 친교도 예수님이 보여 주신 사랑의 특징이지요. 예수님은 모든 이 곁에 계시고자 아주 소박하게 사셨습니다. 모든 사람과 함께하면서 당신 주변에 아무런 벽도 쌓지 않으려고 고향이 없는 삶을 택하셨습니다. 예수님은 이교인에게도 다가가셨지요. 가장 중요한 것은 예수님이 당신의 사랑을 전파하셨다는 점입니다. 그분의 사랑은 적극적이었습니다. 예수님은 집에서

편히 지내시지 않았습니다. 이 마을에서 저 마을로, 이 도시에서 저 도시로 떠돌아다니셨습니다. 예수님은 이교인과 유다인의 평화, 로마인과 이스라엘인의 평화를 위해 길을 떠나셨습니다. 갈등이 있는 곳, 당신의 사랑이 필요한 곳으로 가셨습니다. 갈등 속으로 과감히 몸을 던지셨고, 하느님의 사랑만이 세상과 갈등을 변화시키신다는 것을 몸소 보이셨습니다.

예수님은 목숨을 걸었고 결국 십자가에서 자신을 희생하셨습니다. 그런데 제자들과의 깊은 우정, 고통당하는 모든 이에 대한 연민과 공감에서 예수님의 희생은 이미 드러났습니다. 그것이 내가 생각하는 예수님의 사랑입니다. 성체를 영할 때나 기도할 때, 친구들과 있을 때, 소명을 다할 때 나는 그 사랑을 느낍니다.

◂◂◂ 예수님은 사람 사이에서 지켜야 할 가장 중요한 행동 원칙을 무엇이라 가르치셨나요?

가장 중요한 말씀은 이것입니다. "네 이웃을 너 자신처럼 사랑해야 한다"(마태 19,19). 히브리어 원본에는 "너는 이웃을 너 자신처럼 사랑할 일이다. 그가 너와 같기 때문이다"라고 되어 있습니다.

타인이 나와 같은 나무에서 갈라진 가지임을 알고 그도 나처럼 장점과 단점이 있음을 알 때, 이러한 친밀함이 타인을 좋아하게 하는 힘이 됩니다. 타인과 단절되었다고 느낄 때, 나는 좋고 남은 나쁘다거나 나는 강하고 남은 약하다고 생각할 때는 타인을 좋아할 수 없습니다. 우리 모두 같은 배를 탔다는 깨달음은 내면에서 공감과 사랑을 일깨웁니다.

예수님은 말씀하십니다. "이웃을 너 자신처럼 사랑할 일이다. 그가 너와 같기 때문이다." 더 놀라운 말씀도 하시지요. "내가 너희를 사랑한 것처럼 너희도 서로 사랑하여라"(요한 13,34). 이런 일이 가능할까요? 예수님께 신실한 이들은 이 말씀을 이해할 것입니다.

예수님은 구약을 인용하여, 약자를 보호하고 죄인을 용서해야 한다고 가르치십니다. 우리는 갈등을 풀고 적개심을 해소하고 평화를 실현하는 법을 배워야 합니다.

이런 능동적 사랑은 예수님이 사람들에게 가르치신 가장 중요한 행동 원칙입니다. 그 사랑은 안주하지 않습니다. 자신에게는 아무 문제가 없고, 자신은 더 이상 할 것이 없다고 말하지 않습니다.

내 소명은 무엇인지, 내가 할 일은 무엇인지 항상 자문해야 합니다. 왜 하느님께서는 이런 재능을 내게 선물하셨는지, 왜 그분은 내게 이 세상을 보여 주시는지 묻는 겁니다. 이렇게 묻는 것을 나는 '정치적으로 생각하기'라고 부릅니다. "나는 하느님께 임무를 받는 사람이다. 세상을 하느님께서 본디 창조하신 모습으로 되돌리기 위해 능력과 부름을 받은 사람이다"라고 생각하는 것이지요.

◀◀◀ 예수님이 지금 계시다면 그분의 가장 절박한 관심사는 무엇일까요? 우리 시대의 가장 큰 문제를 무엇이라 하실까요?

건강한 청소년들을 일깨워 당신 편에 세우실 것 같아요. 당신과 함께 세상을 변화시키는 일꾼으로 삼으시려고요. 세상을 변화시킨다는 것은 사람들의 불안을 받아들이고, 공격성을 잠재우고, 극심한 빈부 격차를 해소하는 것입니다. 어린아이나 이방인, 노인, 죽어 가는 이, 병든 이들이 안전함을 느낄 수 있도록 그들에게 고향을 만들어 주는 것입니다. 이를 위해 예수님은 가장 강한 사람들을 찾으실 테고, 그들이 바로 젊은이들일 거라 생각합니다. 예수님은 그 옛날처럼 젊은이들을 사도로 만드실 겁니다. 사도는 '파견된 이'를 말하지요. 능동적이고 자존감 있고 예수님의 삶을 따르는 열린 사람들을 가리킨답니다.

◀◀◀ 예수님이 이천 년 전처럼 젊은이들을 움직여 사도로 만드신다면, 지금의 가톨릭교회를 당시 바리사이처럼 대하실까요?

아마 그러실 겁니다. 사실 예수님은 바리사이를 아끼셨습니다. 그들은 예수님의 동반자이자 동료였지요. 예수님은 바리사이와 논쟁하고 투쟁하셨습니다. 예수님이 다시 오신다면 더더욱 그러실 것 같아요. 그분은 교회 고위 당국자들과 싸우실 것이고, 온 세상이 그들의 사명임을 상기시키실 겁니다. 자아도취에서 벗어나 그들의 울타리 너머를 보게 하는 것이지요.

물론 예수님은 신앙을 고백하는 이들에게 용기를 심어 주실 것입니다. 이것이 분명 어떤 이들에게는 고통일 수 있겠지요. 예수님은 책임자들을 꾸짖기보다 아직도 해야 할 일이 많다고 가르치실 겁니다. 그리고 격려를 아끼지 않으실 겁니다. 오늘날 불안에서 많은 문제가 비롯되기 때문이지요.

◀◀◀ 불안뿐 아니라 무관심에서도 문제가 많이 생겨나지요. 이에 대해 예수님은 어떻게 반응하실까요?

실제로 교회에는 불안과 무관심이 존재합니다. 예수님은 무관심한 이들을 흔들어 깨우고, 불안해하는 이들에게는 용기를 불어넣으실 겁니다. 당연히 그분은 그 일을 당신 사람들에게서 시작하시겠지요. 모든 교회와 종교에는 선을 실현하고 세상을 밝게 만들려는 목적이 있습니다. 그들이 이 세상에서 맡은 바를 더욱 멋지게 해 나갈 수 있도록 예수님이 도와주실 겁니다.

◀◀◀ 오늘날 우리는 교회 안에서 어떻게 활동할 수 있을까요?

오늘날은 신자들 대부분이 교회에 소속감을 느끼기 어렵고 그저 수동적 구성원에 머물기 쉽습니다. 하지만 적극 참여하여 책임을 맡음으로써 많은 것을 변화시킬 수 있습니다. 내가 청소년들과 함께했던 일들은 젊었을 때나 나중에 주교가 되었을 때도 그리스도인으로 살아가는 데 많은 도움이 되었지요. 우리도 바오로처럼 "나는 '또 다른 그리스도'입니다"라고 말할 수 있습니다. 오늘날 예수님에게는 오직 우리의 손과 입밖에 없습니다. 그리스도께 나를 온전히 맡길 때, 내가 그분의 교회를 짊어지고 있다는 것을 느낄 때 교회를 사랑하는 법을 배우게 됩니다. 물론 거기에는 분명 고통도 따르겠지요.

◀◀◀ 비교祕敎, 불교, 요가 할 것 없이 온갖 영성이 난무하는 시대입니다. 교회가 어떻게 청소년들의 마음을 얻을 수 있을까요?

불교와 요가가 깊이 있는 삶에 크게 도움이 되기는 합니다. 이냐시오 영신수련도 마찬가지입니다. 다른 것들과 구별되는 점은 예수님과 예수님이 걸으신 길입니다. 사이비 종교가 판을 치는 세상에서 그리스도인은 예수님을 바로 알고 성경을 이해함으로써만 제대로 설 수 있습니다. 그리스도인은 예수님의 이름으로 나서고, 갇힌 이들을 만나고, 아픈 이들을 위로하고, 정의에 투신합니다. 가톨릭 신자는 영성체 때 예수님을 맞이하지요.

교회에는 젊은이가 필요합니다. 젊은이는 새로운 영적 체제를 발전시킬 수 있지요. 그렇다고 나이 든 이들을 포기하지는 않으렵니다. 그들은 충실한 그리스도교 신자이고, 모범적으로 아이들을 가르쳐 왔으니까요. 하느님에 대한 믿음과 예수님과의 친교는 세대를 뛰어넘어 계속 전해질 것입니다.

◀◀◀ 강론과 실천이 어긋날 때가 많습니다. 참된 믿음과 진리를 어떻게 알아볼 수 있나요?

하느님은 헌신의 불을 지피십니다. 그 불이 나에게 붙도록 놓아둔다면 하느님을 인식하는 일이 쉽습니다. 나의 헌신 없이는 하느님은 아련한 신비로 남을 뿐이지요.

하느님에 대한 믿음 안에서 예수님은 우리의 스승이자 친구가 되어 주십니다. 성경에 담긴 그분의 목소리를 듣는 게 가장 중요합니다. 누구나 자신의 내면에 귀 기울여야 합니다. 양심은 모든 사람 안에서 속삭이고 있지요.

분명 거짓 신앙이 만연합니다. 나약한 그리스도인들과 갖가지 부담스러운 일로 힘겨워하는 유약한 사제들도 있습니다. 최선의 방법은 거짓 신앙인처럼 보이는 이들을 직접 돕는 것이지요. "당신은 거짓 신앙인이오"라고 말하는 게 아니라 그 사람의 부족한 부분을 도와주며 시작해야 합니다. 그에게 우정을 전하세요. 그러면 그를 변화시킬 수 있습니다.

◀◀◀ 마음에 들지 않는 사람도 사랑할 수 있을까요?

사랑은 함께함으로써 시작됩니다. 마음에 들지 않는 사람과 함께 있을 때 자신의 감정을 인정해야 합니다. 자신을 속이는 것은 의미가 없습니다. 부정적 감정도 무조건 바꾸려 들지 말고 그런 관계를 연습의 장으로 삼으세요. 그 사람이 마음에 들지 않는 이유를 곰곰이 생각해 보는 겁니다. 그 사람에게서 호감이 가는 점을 찾아보세요. 분명 그에게도 좋은 점은 있습니다. 그러면서 간접적으로 어떤 변화가 생기는지 주의 깊게 살펴보는 겁니다. 예수님은 원수와 친교를 나누는 법도 배우고 연습할 수 있음을 몸소 보이셨습니다. 유다인 신학자 핀카스 라피데Pinchas Lapide가 말했듯이 예수님은 원수를 "원수가 아니게" 하는 법도 가르치셨습니다.

◂◂◂ 신앙이 다른 사람들과는 어떻게 만나야 할까요?

그들이 자신의 종교에서 중요하게 여기는 것이 무엇인지 물어보면 좋겠지요. 관련 문헌을 통해 이슬람교와 유다교와 동양 종교에 대해 공부할 수도 있습니다. 그들의 종교 의식에 참석해 보세요. 그들도 미사에 한번 데려오시고요.

다른 종교에 한 발 다가가려 할 때는 동행할 친구가 필요합니다. 이런 행동이 그리스도교 정신에서 멀어지게 하는 게 아니라 그리스도인으로서 믿음을 깊게 해 줍니다. 낯선 것을 두려워하지 마세요.

◂◂◂ 기도는 하고 싶지만 방법을 모르는 친구가 있어요. 추기경님이라면 친구에게 기도하는 법을 어떻게 가르쳐 주시겠어요?

날마다 스스로 기도하는 방법밖에 없습니다. 나는 아주 단순하게 기도합니다. 그때 떠오르는 생각이나 내가 해야 하는 일, 근심과 기쁨, 특히 내가 생각하고 있는 사람들을 하느님 앞에 내려놓지요. 하느님과 지극히 평범하게 대화합니다. 전혀 경건하지 않아요. 기도 중에 누군가 나를 지탱하고 있음을 느낍니다. 산적한 문제나 교회의 결점에 대해서도 그렇게 기도하지요. 나는 기도할 때 빛을 봅니다. 희망이 자라고, 실천력이 강해지며, 신뢰가 굳건해집니다.

친구를 돕고 싶다면 기도하세요. 기도하고 싶어 하는 것만으로도 그 친구는 이미 하느님 아주 가까이에 있는 겁니다. 당신과 다른 사람들이 그 친구와 함께 기도할 수 있는 자리를 마련하세요. 가장 쉬운 방법은 또래가 기도하는 모습을 보여 주는 것이지요. 그 친구는 우정에 힘입어 기도에 다다르게 될 것입니다.

◀◀◀ 추기경님은 기도하는 법을 어떻게 배우셨나요?

나는 운이 좋았어요. 가정이나 친구들 사이에서 기도가 일상이었지요. 기도하고 성당에 가고 하는 것이 밥 먹는 것처럼 자연스러운 일이었어요.

전쟁 통에 바치던 기도를 아직 기억하고 있어요. 내가 보호받고 있으며 폭탄이 떨어지더라도 두려워할 필요가 없다고 느꼈었지요. 언제나 우리를 지켜보시는 하늘에 계신 아버지는 우리가 잘못을 저지르더라도 우리를 도와주십니다.

◀◀◀ 요즘은 기도하는 가정이 별로 없어요. 다행히 지금은 전시도 아니고요. 위험과 곤경 말고도 기도로 통하는 길이 있을까요?

물론이지요. 중요한 것은 기도 모임에 참여하는 것입니다. '떼제 기도 모임'(Taizé-Gebet)도 매주 열립니다. 아침 6시에 시작하는데, 많은 젊은이가 참석하지요. 기도가 끝나면 사제가 참석자들을 아침 식사에 초대합니다. 견진성사를 준비하는 청소년들에게 다른 이들이 어떻게 기도하는지 보여 줄 좋은 기회입니다. 주일미사를 딱딱한 음식처럼 느끼는 사람이 많습니다. 기도 모임과 대화가 사람들을 기도로 가까이 이끌 거예요. 특히 직접 참여하여 만들어 가는 미사도 사람들을 끌어당기지요. "성령은 바람처럼 원하는 곳으로 오십니다." 하느님께서 당신을 놀라게 하시도록 맡기세요.

◀◀◀ 노인이나 젊은이에게 주일미사는 어떤 의미가 있나요?

주일미사는 모두에게 열려 있습니다. 서로에 대한 배려, 특히 타인을 위한 봉사를 필요로 하지요. 미사가 남녀노소 모두에게 다가가는 데 우리가 어떻게 기여할 수 있는지 생각해 보면 좋겠어요. 미사가 이기적이어서는 안 되겠지요. 예수님과, 그리고 신자들과 활기찬 관계를 원하는 사람 누구에게나 미사가 필요합니다. 미사는 예수님이 몸소 마련하시는 만찬입니다. 예수님을 만나는 가장 귀한 길이기도 하지요. 우리는 이 축제에서 성경 말씀을 듣고 묵상할 수 있습니다. 성경은 사람들을 그리스도인으로 만드는 책입니다. 이 축제에서 우리는 예수님과 하나가 되고, 예수님은 우리의 친구가 되고 싶어 하십니다.

◂◂◂ 흔히들 그리스도교가 오히려 양심의 가책을 부추긴다고 하던데 정말 그런가요? 양심의 진정한 의미는 뭘까요?

독일의 철학자 헤르베르트 슈내델바흐Herbert Schnädelbach가 「어느 오래된 세계 종교의 일곱 가지 태생적 오류」 *Die sieben Geburtsfehlern einer alt gewordenen Weltreligion*라는 논문에서 그리스도교를 비판한 내용이군요. 꽤 주목받은 글이었지요. 그는 저 유명한 교황 요한 바오로 2세의 참회 선언 '내 탓이오'(Mea Culpa)를 실마리로 「그리스도교의 저주」 *Der Fluch des Christentums*라는 글을 발표했습니다.

양심을 형성함에 있어 나는 행운아였어요. 좋은 교육을 받은 덕분이었지요. 부모님과 예수회 학교 선배들은 엄격하기는 했지만 양심의 가책을 심어 주지는 않았어요. 그들은 열려 있었고, 다양한 관점을 보여 주었지요. 친구도 많이 사귀었어요. 우리는 공동체 안에서 소임을 다하며 사람들을 이끄는 법을 배웠어요. 원대한 목표를 향해 나아갔지요. 교육은 우리의 열망을 일깨우고 키워 주었습니다. 고해하는 법도 배웠어요. 고해는 억압이 아니라 면죄이자 해방입니다. 교회가 죄의식을 이야기하던 시대는 지났어요.

죄책감에 짓눌린 양심이 아니라 세심한 양심이 필요합니다. 이런 양심은 개인적으로나 공동체 안에서 우리의 한계가 어디인지 알아채게 하지요. 중요한 것은 세심함과 자신의 사명을 받아들이는 용기입니다. 나를 필요로 하는 곳은 어디일까요? 평화운동도 그중 하나입니다. 갈등은 언제나 존재합니다. 그리스도인은 적대감을 해소하고, 평화를 실현하고, 사람들을 하나로 묶어 주는 방법을 죄의식에 얽매이지 않고 생각해 냅니다.

양심을 피로 증거한 사람이 있습니다. 2007년 시복된 오스트리아인 프란츠 예거슈테터 Franz Jägerstätter입니다. "나치인 동시에 그리스도인일 수는 없습니다. … 인간보다 하느님께 순종해야 합니다." 이 발언 때문에 그는 1943년 나치에 처형당했지요.

양심의 가책으로 괴로워하는 사람들이 있습니다. 그들에게는 하느님의 용서가 필요합니다. 영적 동반이나 치료가 도움이 될 겁니다. 양심의 가책은 대화를 통해 치유될 수 있습니다. 이때 비밀이 꼭 지켜져야겠지요. 그러면 새로운 활력과 삶의 기쁨이 되살아납니다. 그릇된 행동을 하거나 아무런 행동도 하지 않았을 때 죄의식을 느끼는 것은 건강한 겁니다. 하지만 근거 없이 죄의식을 느끼고 있다면, 그것은 병입니다.

제2차 바티칸 공의회는 양심에 대해 이렇게 말합니다. "인간은 하느님께서 자기 마음속에 새겨 주신 법을 지니고 있으므로, 이 법에 복종하는 것이 바로 인간의 존엄이며 이 법에 따라 심판을 받을 것이다. 양심은 인간의 가장 은밀한 핵심이며 지성소이다. 거기에서 인간은 홀로 하느님과 함께 있고 그 깊은 곳에서 하느님의 목소리를 듣는다"(「사목헌장」 16).

우리가 할 일은 사람들에게 용기와 기쁨을 주는 겁니다. 말로만이 아니라 원대한 목표를 세워야 합니다. 그때야말로 젊은이의 헌신이 가치 있는 일임을 이해하게 될 것입니다. 하느님은 당신 목표를 위해 우리 모두 힘을 합치라고 하십니다. 그러면 희생도 두렵지 않습니다. 양심은 하느님의 목적을 향해 우리를 개방하게 하고 우리 삶에 용기를 북돋아 줍니다.

◀◀◀ 그럼에도 교회는 툭하면 죄에 대해 이야기합니다. 사람들을 본모습보다 못나 보이도록 하려는 건가요?

교회는 죄에 대해 수없이 말했습니다. 너무 많이 했지요. 교회는 사람들이 예수님을 보고 용기를 얻고, 세상의 죄에 맞서 싸우도록 격려해야 합니다. 세상의 죄를 말할 때 성경은 개인의 잘못뿐 아니라 온갖 불의와 힘겨운 짐에 대해서도 말합니다. 세상에는 하느님의 질서가 훼손된 곳이 있습니다. 그곳을 치유하기 위해 예수님은 우리를 부르십니다.

◀◀◀ 교회는 결혼하기 전까지 순결을 지키라고 가르칩니다. 하지만 요즘 누가 그런 걸 지키나요? 아무도 안 지켜요.

섹스가 아니라 사랑의 관점에서 생각하세요. 사랑을 몸으로 표현하지 못하게 하는 것은 비인간적이지요. 규범을 받아들이고 남녀 간의 결합을 준비하는 것도 여느 과제들처럼 배워야 하는 것입니다. 육체와 정신 두 측면에서 사랑할 능력이 있는 사람이 되기 위해서지요. 결혼할 때를 위해 아무것도 간직해 놓지 않고 다 경험해 버렸다고 생각해 보세요. 인간적 결점과 한계에 부닥치고 관계에 치여 좌절할 위험이 정말 큽니다. 사람 사이의 사랑은 일회적입니다. 때문에 '아무것도 남지 않았을 때'를 대비해 자신을 지키는 것이 현명합니다.

한 남자가 여러 여자와, 또는 한 여자가 여러 남자와 혼전·혼외로 육체적 쾌락을 모두 경험해 버렸다면 둘만이 간직할 새로운 경험을 발견할 여지가 없게 됩니다. 대부분의 혼인 관계에서 염두에 두어야 할 내용입니다.

◀◀◀ 섹스를 하지 않는 건 자연스럽지 않잖아요. 그런데 어째서 사제는 결혼하면 안 되나요?

로마 가톨릭교회를 제외한 모든 교회에서는 사제가 결혼을 할 수 있습니다. 그리스 정교회에서도 가능하지요. 사제가 결혼하면 안 된다는 생각은 수도생활에서 비롯되었습니다. 독신으로 지낸 예수님을 따르기 위해 남녀가 각각 공동체를 이루거나 은수자로 지내기 시작하면서, 그들은 완전히 자유로운 몸으로 하느님께 헌신하길 원했습니다. 이스라엘의 신앙고백처럼, "마음을 다하고 목숨을 다하고 힘을 다하여 주 너희 하느님을 사랑"(신명 6,5)하는 것이 어떤 이들에게는 참으로 전부가 되었지요. 그들은 '그분'을 향한 사랑으로 자신의 삶을 바칩니다.

사제가 독신을 유지하는 데는 공동체의 사랑과 보호가 중요합니다. 혼자라고 느끼지 않아야 합니다. 그럼에도 사제에게는 기도 시간이 가장 중요하지요. 잊지 말아야 할 것이 있습니다. 로마 가톨릭교회에는 11세기부터 사제의 독신 의무가 있었지만, 16세기 트리엔트 공의회에 이르러 독신제가 법적으로 규정되었다는 사실입니다.

◀◀◀ 소통의 장으로서 교회의 역할은 의외로 미미합니다. 누구 탓이죠?

누구는 기성세대가 입 다물고 있다 하고, 또 누구는 젊은이들의 침묵과 방관을 탓합니다. 젊은이들이 입을 닫은 건지, 기성세대가 귀를 막은 건지 따져 봐야 소용없습니다. 세대 간에 말문이 열려야지요. 서로 할 이야기가 많을 거예요. 의견이 일치될 필요는 없지만, 서로를 자극하고 북돋우면서 하느님께 이르도록 도와야 합니다.

풍요로운 서구 교회가 지닌 가장 큰 고민은 의사소통이 안 된다는 겁니다. 신세대와 구세대 사이, 현대와 전통 사이의 대화와 논쟁이 그래서 중요합니다. 다시 활발하게 대화할 수 있으면 좋겠어요. 그러면 서로 사랑으로 도우면서, 저마다 사랑할 능력이 자랄 겁니다. 하느님 안에서 보호받고 있음을 느낀다면 어떤 문제나 갈등이라도 의연히 감당할 수 있겠지요.

◂◂◂ 추기경님은 어떻게 로마 가톨릭교회 신자가 되셨어요? 교회가 시대에 뒤떨어졌다면 바뀌어야 하지 않을까요?

나는 가톨릭 신자입니다. 가톨릭 신자인 부모님이 나를 성당에 데리고 가셨지요. 부모님이 신자가 아니었다면 상황이 달라졌을지도 몰라요. 우리에게 주어진 관계도 마찬가지입니다. 우연, 혹은 운명이지요. 신앙고백을 하려면 온갖 시험이 뒤따릅니다. 어른이 되기 전에 정말로 원하는 것이 무엇인지 결정해야 합니다. 다른 종교로 가는 이들도 있고, 안타깝게도 아무것도 하지 않는 이들도 있습니다. 나는 평생 다양한 교회와 종교 공동체를 만났어요. 낯선 공동체에서 사람들을 만나고 서로 친구가 되었지요. 유다교와 이슬람교에도 친구가 있답니다. 하지만 내가 가톨릭 신자가 아니었으면, 하고 생각한 적은 단 한 번도 없어요. 오히려 반대였지요. 다른 종교인들과 지낼수록 가톨릭교회를 더 사랑하게 되었지요. 다른 종교 신자와 많이 만나 보세요. 그들이 당신에게 왜 가톨릭 신자가 되었는지 물을 겁니다. 이슬람교도라면 당신더러 왜 그리스도교 신자가 되었냐고 묻겠지요. 당신이 답을 찾으려고 애쓰다 보면 스스로 가톨릭 신자임을 기뻐하게 될 거예요. 다른 사람이 개신교 신자이거나 이슬람교도인 것도 기쁠 겁니다. 가능한 한 많은 사람이 도움을 받고 하느님께 돌아가도록 이런 다양한 공동체가 존재하는 겁니다. 종교 공동체의 역할은 사람들이 하느님께 가는 길을 찾도록 그들을 길러 내고 강하게 하는 것이지요.

모든 것이 그러하듯 교회도 성할 때가 있고 쇠할 때가 있지요. 우리는 교회와 더불어 한길을 걷습니다. '가톨릭'(katholisch)은 보편적이라는 뜻입니다. 모든 이를 초대하지요. [흔히 개신교를 뜻하는] 복음교회(evangelisch)는 철저히 복음(Evangelium)으로 살고자 합니다. 다들 여기에도 초대받았지요. 정교(orthodox)는 올바른 믿음을 뜻합니다. 우리는 보편적이며, 복음으로 살고, 올바르게 믿습니다. 이는 그리스도인이라면 누구나 갖추어야 할 덕목입니다. 다만 각자 다른 공동체에 속해 있을 뿐이지요.

공동체에 대한 신의가 중요합니다. 난관에 봉착했다고 달아나지 마세요. 어려울 때일수록 관심도 커지고 각자가 소중해집니다. 쇠락하는 교회를 소생시킬 젊은이들이 절실합니다. 교회는 나와 여러분을 필요로 합니다. 아무래도 이런 교회가 화려하고 힘 있는 교회보다 인간적이고 정감이 가지요. 우리 교회에도 결점은 있습니다. 이를 인정하면 우리는 서로 결속하고 굳건해질 수 있지요.

◀◀◀ 스스로에게 던져야 할 가장 중요한 질문은 무엇일까요?

올바른 나의 길을 어떻게 찾을 수 있을까, 무엇이 내 인생의 사명인가, 자신을 사랑하고 타인을 사랑하는 법을 어떻게 배울 수 있을까, 현실의 갈등 속에 주저앉기보다는 강해지고 희망으로 변화시키는 힘을 어떻게 얻을 수 있을까, 어떻게 믿음·소망·사랑 안에서 하루하루 앞으로 나아갈 수 있을까, 내가 간직하고 베풀 수 있는 사랑은 어떤 모습일까 …. 진로를 비롯한 다른 모든 것이 이러한 물음에 달려 있습니다.

◀◀◀ 누구보다 젊은이들이 삶의 의미를 궁금해합니다. 추기경님은 삶의 의미를 어디서 찾으시죠?

젊은이들이 이렇게 말하는 걸 들었어요. "사랑받으며 행복하게 살면 좋겠어. 나의 존재 이유는 뭘까?" 더 나아가 봅시다. 행복은 직업에서도, 올바른 관계에서도 발견되지요. 무언가를 하기 위해서는 건강해야 합니다. 내 한계를 알고 무리하지 않기 위해서도 건강해야 하지요. 자신을 챙기는 데는 운동과 기도만 한 것이 없습니다. 가끔 하던 일을 멈추고 하느님께 감사를 드리세요. 앞이 보이지 않던 시간에도 우리가 누렸던 행복을 간과해서는 안 됩니다. 감사하는 이는 자신의 행복을 바라볼 줄 알고, 스스로 훨씬 강해져 있음을 느낍니다. 많은 것을 가지고도 그것을 깨닫지 못해 불행한 사람이 허다합니다.

감사와 더불어 우정은 삶의 의미를 불러일으키는 원천입니다. 언제든지 뭔가를 부탁할 수 있는 사람들과 맺은 우정 말이지요. 그들과는 성공이든 고민이든 터놓고 이야기를 나눌 수 있지요. 내가 약해졌을 때, 나를 믿고 맡길 수 있을 때 비로소 친구가 보입니다.

나를 필요로 하는 사람이나 나의 사명도 삶의 의미가 됩니다. 내게 교회가 없다면, 조언을 청하는 이들과 대화할 수 없다면, 젊은이들에게 자극받지 못한다면 나는 과연 무엇일까요?

나는 삶의 의미에 대해 곰곰이 생각해 본 적이 별로 없습니다. 남을 위해 존재하기로 허락되었기 때문이지요. '허락되었다'라는 말을 썼습니다. 삶의 의미는 물과 같습니다. 저는 그 속에서 흠뻑 젖어 있지요.

의미는 저절로 드러납니다. 여러분의 특별한 보호를 필요로 하는 사람들을 위해 여러분 스스로 강해질 때, 그들을 위해 변호하거나 목자나 친구가 될 때 모두가 삶의 의미를 발견하게 됩니다.

삶의 의미를 찾는 젊은이들에게 결정적인 것이 있습니다. 올바른 직업과 활동을 찾는 것이지요. 어울리는 이성을 찾는 것도 물론 중요합니다. 수도회에 입회하거나 어떤 사명을 위해 독신으로 지내겠다는 결단도 중요하겠지요. 모든 면에서 예수님과 맺는 긴밀한 관계야말로 나에게 삶의 의미와 기쁨을 주는 가장 깊은 원천입니다.

◀◀◀ 죽음에 직면해서야 비로소 삶의 의미를 구체적으로 묻곤 하지요. 추기경님도 죽음이 두려신가요? 그 두려움을 극복할 처방이 있을까요?

나는 여든이 넘었어요. 이 나이가 되면 몇 가지를 셈할 수 있지요. 우리는 인간에게 명이 얼마나 주어졌는지 대충 알고 있어요. 성경은 "근력이 좋으면 팔십 년"(시편 90,10)이라 했습니다. 뭔가 근심이 어린 듯한 셈법 같군요. 이 나이가 되면 일이나 관계가 여전히 잘 굴러가도록 계획하게 되지요. 내가 지금 시작하는 일을 누군가 지속적으로 이끌어 갈 수 있어야 합니다.

늙어서 병들고, 고통받고, 타인에게 의존하는 사람들을 보면 나는 여러모로 주저하게 됩니다. 인도에 이런 이야기가 있지요. 인생은 네 단계로 나뉘는데, 첫 단계에서는 배우고, 그다음에는 가르친답니다. 그리고 셋째 단계에서는 물러나 침묵하는 법을 배우고, 넷째 단계에서는 동냥하는 법을 배운다는군요.

하느님께서 나에게 무리한 요구를 하지 않으실 거라 믿습니다. 그분은 우리가 얼마나 견뎌 낼 수 있는지 아십니다. 죽는 순간 누군가 내 손을 잡아 줄 것이고, 그때 내가 기도할 수 있기를 바랍니다. 우리는 끊임없는 반복을 통해 기도를 체득하는데, 그때 나는 하느님 곁에 들어 올려짐을 느낍니다. 죽음조차 이러한 하느님의 보살핌을 앗아 갈 수는 없습니다.

우리가 평화를 누리며 살아갈 세상은 오늘 이미 우리 안에서 굳건해질 수 있습니다. 자신이 아닌 타인을 위해서 살고, 모든 성인의 통공을 믿음으로써 그것은 가능해지지요. 나의 부모님은 오래전에 돌아가셨지만, 나는 그분들을 기억하고 감사드리며 함께 이야기를 나누곤 합니다. 돌아가신 분을 위해 촛불을 밝히는 것은 아름다운 전통입니다. 나이가 들면 이승보다 저승에 친구가 더 많아져요. 우리는 미사 중에 모든 성인의 통공과 함께하지요. 지금 함께 살아가고 일하는 사람들이 그런 것처럼, 하늘에 있는 우리가 사랑하는 사람들도 예수님 곁에 모여듭니다. 무엇보다 그곳에는 우리가 감사하고 싶은 사람들이 있습니다. 우리에게는 또 영적 가족이 있어요. 어쩌면 이 가족의 가치는 건강한 가정에서 성장한 우리보다 거리의 아이들이 더 잘 알 것입니다. 자선가들은 이 아이들에게 돈을 주는 것에 그치지 않고 기도와 관심으로 아이들을 돌보기도 하지요.

한 개신교 신학자가 죽음을 맞이하면서, 머리맡을 지키는 아내에게 말했어요. "나는 일생을 하느님과 저세상에 대해 숙고해 왔소. 그런데 지금은 죽음조차 나를 어쩌지 못하리라는 것 말고는 아무것도 모르겠구려." 이것은 내 소망이기도 합니다.

2장 결단하는 용기

신앙은 아무짝에도 쓸모가 없어요. 반감까지는 아니지만, 교회가 제게 무슨 의미가 있나요? 신이 존재한다는 건 믿어요. 저는 자연을 좋아하고, 동물을 사랑해요. 저한테 가장 중요한 건 친구들이에요. 친구들을 위해서라면 뭐든지 할 거예요. 이대로 잘 지내는데 뭐가 더 필요하죠?

다비드

◀◀◀ '마기스'magis는 예수회의 핵심 용어입니다. '더 많이' 혹은 '더 낫게'란 뜻이죠. 다비드에게 이 말뜻을 설명해 주세요.

다비드는 부족함 없이 잘 지내는군요. 그런데 그렇지 않은 사람도 많다는 걸 알고 있을까요? 친구 없는 이들도 있고, 다비드처럼 신의 존재를 믿지 못하는 이들도 있지요. 그들은 낙천적이지 못해요. 없는 것 없이 살아도 어딘지 슬픔이 느껴지는 젊은이들이 종종 있어요.

다비드는 자신이 얼마나 행복한지 모릅니다. 좋은 친구와 아름다운 자연, 자신의 모든 재능을 그저 당연한 것으로 여기지요. 다비드는 아마 가정에서 교회와 믿음을 알게 되었을 겁니다. 지금은 그에게 아무 쓸모 없는 것들이지요. 가진 것에 감사한다면 다비드는 더 행복하지 않을까요? 타고난 능력으로 얼마나 많은 일을 할 수 있는지 알게 될 겁니다. 그는 세상을 변화시킬 수 있어요.

감사하는 마음은 '마기스' 정신으로 이어집니다. 행복한 사람은 더 나아갑니다. 세상에 만족하지 않고, 세상의 고통과 자신이 할 일을 보게 되지요. 예수회의 핵심 용어인 '마기스'는 자신의 삶을 타인을 위해 희생할 때 체험하는 역동성을 나타냅니다. 이것은 삶을 억압하라는 가르침이 아닙니다. 여러분이 해야 할 일과 하느님이 여러분을 위해 예비하신 사명을 찾게 될 때 여러분은 더욱 풍요롭고 흥미진진한 삶을 살게 됩니다. '마기스'는 더 높은 것을 향해 움직여 가는 것입니다.

◀◀◀ 우선 세상과 곤경을 직시하고, 자신과 자신의 재능을 살핀 후, 마침내 더 높은 곳으로 눈길을 돌리면 되는 것입니까?

등산할 때 나는 정상을 바라봅니다. 목표를 반드시 알아야 하니까요. 우리 수도회 창설자 로욜라의 이냐시오는 우리 삶의 목표를 이렇게 설정했습니다: "인간은 하느님을 찬양하고 경외하며 그분께 헌신하도록 창조되었다." 이런 자세로 하느님을 우러러보고 하느님께 다가갈 때 세상을 다르게 볼 수 있습니다. 나는 그분이 내게 무엇을 선물하셨는지 살핍니다. 아름다운 것과 선한 것에 주목하지요. 그렇게 나는 감사하고 찬양하게 되어, 내적 능력을 펼쳤습니다. 하느님의 힘에 의지한 덕에 나는 낙관주의자가 되었답니다.

하느님을 찬양하는 것이 첫 단계입니다. 나는 그분을 간구할 때나 그분 안에서 보호받고 있다고 느낄 때, 기도하는 법을 배울 때 그분을 경외합니다. 둘째 단계는 기도를 배우는 것이고, 셋째 단계는 봉사입니다.

바오로가 말한 것처럼 우리는 하느님의 협력자이며 그분은 우리를 필요로 하십니다. 이 세상과 자기 자신과 하느님을 우러러보는 이는 지극히 개인적인 질문을 던지게 됩니다.

"주님, 제가 무엇을 하기를 원하십니까? 저의 재능과 관심을 어디에 쏟으면 좋겠습니까? 곤경에 처한 곳은 어디입니까? 그곳에 저를 보내고자 하십니까?"

◀◀◀ 등산가는 늘 정상을 동경하지요. 최적의 등반 루트는 어떻게 찾을까요? 길이 여러 갈래일 텐데 ….

일단 발걸음을 떼고 '더 많이' 원할 때 다양한 가능성이 정말로 눈앞에 펼쳐집니다. 여러분은 수많은 과제를 인식하고 결단을 내려야 합니다. 어떤 직업을 택할까, 내게 진정한 친구가 있을까, 나의 참된 반려는 누굴까, 혹시 수도원에 입회할 수도 있지 않을까? 이런 모든 가능성을 열어 두고, 그것이 여러분에게 어떤 영향을 미치는지 자문하는 것이 중요합니다. 교사나 기술자 같은 직업을 떠올려 보세요. 어떤 기분이 드나요? 걱정되고 두려운가요? 아니면 담담하고 희망적인가요? 당신이 지각한 그것을 이냐시오는 '영신 세계'라 부릅니다. 긍정적인 영과 부정적인 영, 선한 영과 악한 영이 당신을 움직이지요. 모순과 분열, 우유부단, 욕심이 저마다 영향을 끼칩니다. 우리는 영을 식별하는 법을 배울 수도 있고, 현명한 결단을 내릴 때 중요한 힌트를 얻을 수도 있습니다.

◀◀◀ 이냐시오가 가르친 '영의 식별 규칙'은 어떤 내용입니까?

이냐시오는 결단의 세 '차원'이 있다고 했습니다. 첫째는 '이성'의 차원입니다. 이것이 기본이 되지요. 우리는 일단 결단의 근거를 여러모로 저울질해 봅니다. 무엇이 유리하고 무엇이 불리한지 가늠하는 것입니다. 이때는 이성적으로 장단점을 열거할 수도 있습니다.

둘째는 '감정'의 차원입니다. 이런저런 상상들이 특정한 감정을 불러일으킵니다. 어둡거나 밝거나, 애매하거나 명백하거나, 사람들은 꿈이 성취되어 가는 모습을 봅니다. 장밋빛으로만 보일 때는 반드시 조심해야 합니다.

이냐시오는 '악한 영'에 대해 이야기했습니다. 유혹하고 기만하는 영이지요. 그렇지만 상상을 통해 평온을 되찾는다면, 그것은 십중팔구 선한 영에 의한 바른 결단일 것입니다.

셋째는 '직관'의 차원입니다. 갑자기 무엇인가 분명해집니다. 무엇이 옳은 것인지 그 순간 분명히 알게 됩니다. 가령, 학업을 중단하고 일 년 동안 사회봉사를 하겠다고 칩시다. 이런 결단이 당신이 살아온 인생과 어울리는지 유념하세요. 적절한 결단인가요? 오래전부터 지속해 온 사회 활동의 연장선상에 있나요? 아니면 지금까지 해 온 모든 일에 반하는 완전히 새로운 일인가요? 후자의 경우라면 신중해야 합니다. 이냐시오라면 이렇게 말할 것입니다. "이때 다시 '악한 영'이 활동할 수 있습니다."

처음에 '선하다'고 생각한 것들이 언제까지나 선한 건 아닙니다. 악은 가면을 쓰고 변장하여 선한 모습으로 나타납니다. 그러니까 우리는 유혹에 빠지기 쉽지요. '영의 식별'을 배워야 합니다. '영의 식별'은 하느님께 헌신하고, 자신의 삶으로 '더 많은' 일을 하는 데 도움이 됩니다.

◀◀◀ 영에게 자신을 맡기고, 새로움을 맞이하려면 용기가 필요합니다. 추기경님도 청소년들이 이런 용기를 지니기 바라시지요. 교회에서 이런 용기를 얻을 수 있을까요?

나는 소심하고 겁 많은 사람이에요. 그런데도 주교로서 용기를 내야 할 때가 많았어요. '붉은 여단'의 테러리스트들을 만날 때, 청소년들과 함께할 때, 사제나 동료들과 대화할 때, 그리고 신앙교리성에서 요제프 라칭거 추기경(현 교황 베네딕도 16세)과 격의 없이 지내던 십 년 세월도 마찬가지였습니다. 지난 교황 선거를 준비할 때도 용기가 필요했습니다. 그때 라칭거 추기경과 나는 새 교황에게 어떤 일들이 닥칠지, 교황이 새로운 해법을 제시해야 할 문제는 무엇인지 터놓고 논의했습니다. 성에 관한 문제나, 이혼자와 재혼자들의 영성체 문제에 대해 내 의견을 개진했지요.

나는 겁이 많아서 주저될 때마다 "자, 용기 내!"라고 혼잣말을 합니다. 아브라함은 용감한 사람이었습니다. 하느님께서 부르시기 전까지 아브라함은 하느님을 알지 못했어요. 그는 고향과 친구와 집을 떠나 광야로 갔습니다. 하느님은 아브라함을 미지의 세계로 보냈고, 그는 떠났지요. 아브라함은 결단하는 용기가 있었기에 많은 이에게 축복이 되었습니다. 유다교와 그리스도교와 이슬람교는 여전히 아브라함의 용기를 본받아 살아갑니다. 그는 모든 믿는 이의 아버지입니다. 우리는 미래를 향해 나아가고,

인류를 위한 새로운 길을 모색합니다. 누구보다 청소년들이 이 길에 앞장섭니다. 아브라함을 빌려 내 친구들에게 한마디 할게요. "다들 용기 냅시다!" 교회 안에 있는 우리 모두가 더욱더 용기를 내기를 소망합니다.

◀◀◀ 교회에 그런 용기가 왜 필요한가요?

유럽, 특히 서유럽의 교회가 처한 상황은 결단을 요구합니다. 청소년이 없는 본당이 더러 있습니다. 특히 대도시에서는 어린이와 청소년들이 주일미사에 거의 참석하지 않아요. 다음 세대가 없는 겁니다. 여러 현실적인 이유가 있겠지요. 젊은 가정들이 빠져나간 도심에는 사무실이 더 많습니다. 도심으로 이사해 온 이교인들은 대개 가톨릭 가정보다 자녀가 더 많아요.

많은 청소년이 함께하고, 훌륭한 청소년 사목을 벌이는 활기찬 본당이 많다는 것은 기쁜 일입니다. 그렇지만 지난 수십 년간 교회가 많은 젊은이를 잃었다는 사실도 간과할 수 없습니다. 나는 어떻게 그들을 되찾을 수 있을지 자문합니다. 내 어릴 적 소중했던 보물들을 지금 청소년들은 어디서 발견할까요? 기도하는 법과 모험하는 법, 사회문제에 투신하는 법을 어디서 배울까요? 어디서 축제를 벌이고 지도력을 기를까요? 좋은 친구가 되는 법과 타인의 곤경에 주의를 기울이는 법을 어떻게 배울까요? 슬퍼하는 이와 버림받은 이에게 말을 건네는 용기와 그들을 돕고 싶어 하는 자의식은 어디서 배울까요? 어떻게 하느님을 알게 되고 종교교육을 받을까요? 어디서 성경과 교회, 당면 과제, 타 종교를 배울까요? 우리는 여러 측면에서 타 종교와 경쟁하기도 합니다. 서로에게 좋은 자극이 되는 건강한 경쟁이지요.

◀◀◀ 복지사회에 결여된 것은 무엇일까요? 젊은이들은 어떤 위험에 직면해 있나요?

그릇된 길을 가는 사람이 많습니다. 그들도 곧 알아차리게 되겠지요. 그들이 그저 여정에 있는 거라면 걱정하지 않습니다. 하지만 다른 이들은 어떤가요? 풍족한 삶에 구속된 이들, 컴퓨터에 중독된 이들은 어떻습니까? 권태를 느끼는 이들은 어떤가요? 그래서 적지 않은 사람들이 마약을 하거나, 텔레비전 앞에 외로이 앉아 있습니다. 모임이나 큰 과제에 참여할 때 어떤 젊은이들에게는 아무도 말을 걸어 주지 않습니다. 그들은 자신이 쓸모없는 존재이고, 자기 힘으로는 아무것도 할 수 없다고 생각할지 모릅니다. 그들은 세계 곳곳에서 일어나는 재앙을 언론을 통해 접하며 낙담합니다. 영성의 힘, 즉 영혼의 '근육'을 키우지 않은 탓입니다. 내가 말하는 '근육'이란 타인을 돕고 생명을 구할 수 있다는 자신감, 사람들을 행복하게 만들 수 있다는 자신감, 이런 것들이 바로 나에게 달려 있다는 자신감입니다. 젊은이라면 언젠가는 곤경에 처하거나 큰 힘이 필요한 인생 과업에 맞닥뜨리게 됩니다. 그들이 필요한 힘을 갖출 수 있을까요? 성경에서 이른바 '죄'라고 부르는 것과 싸우기 위해, 지금 배우며 준비하고 있나요? 성경은 우리가 맞서 싸워야 하는 세상의 불의와 곤경을 먼저 말하지, 우리의 개인적 나약함을 나무라지 않습니다. 예수님은 '죄'라는 곤경에서 사람들을 해방하고자 하십니다. 하느님은 인간의 곤경을 원하지 않으시기에, 예수님으로 하여금 이를 위해 헌신하고 목숨을 내어 주게 하셨습니다. 지금도 예수님은 당신의 협력자를 찾고 계십니다. 특히 청소년들 가운데서 찾으시지요.

◀◀◀ 왜 교회는 누구보다 젊은이들을 필요로 하는 걸까요?

회사나 정당이 어디서 새로운 인재를 구합니까? 바로 젊은이들 가운데서 구합니다. 그들은 교육받고 새로운 일을 준비합니다. 얼마든지 성장할 수 있는 잠재력과 이상과 기발한 아이디어가 있지요. 우리 교회가 고대하고 필요로 하는 새로움은 아마 젊은이들의 자유로움을 통해 가장 먼저 세상에 전해질 겁니다. 특히 '늙은 유럽'의 교회에는 새바람이 필요합니다. 청소년들도 풍요로운 생활보다는 새로움과 '마기스'(더 낫게) 정신이 필요하지 않을까요? 새로움에 대한 갈망에는 항상 긍정적이면서도 무엇인가를 변화시키려는 의지가 담겨 있습니다. 그 이면에는 교회와 청소년에 대한 믿음도 숨어 있지요. 그렇지 않고는 교회를 비판하는 것이 아무 의미가 없습니다.

예전 청소년들이 요즘 청소년들보다 더 투쟁적이고 비판적이었다고 말하는 사람이 많습니다. 청소년기를 얌전히 보낸다면 그들 마음이 완전히 다른 곳에 가 버리지나 않을까 걱정됩니다. 자기 발전이나 교회와 세상에서 그들에게 주어진 소명에 아무 관심이 없으면 어쩌나 염려됩니다. 교회가 너무 적막해지거나 사회에 권태감이 만연할 때면 나는 활활 타오르는 열정의 불을 지상에 던져 주실 예수님이 그립습니다.

◀◀◀ 그 불길이 타오르기만 한다면 얼마나 좋을까요!

나는 제2차 세계대전을 겪었습니다. 우리가 체험한 곤경과 고난은 전후 재건과 화해와 속죄에 진력하게 했습니다. 재앙이 지나고 유럽 전역의 상업과 정치, 교회 재건에 어마어마한 노력을 쏟아 부었지요. 제2차 바티칸 공의회와 세상을 향한 교회의 개방을 이끈 폭풍 같은 시대였습니다. 교회가 다시는 재앙에 빠지지 않고 사람들을 일깨우도록 혁신하기를 소망합니다.

◀◀◀ 교회가 당면한 도전은 무엇입니까?

일단 우리 앞에 놓인 과업을 인식해야 합니다. 명백히 존재하는 위기를 대수롭지 않게 여기거나 외면해서는 안 됩니다. 주요 당면 과제는 '문명의 충돌'(Samuel P. Huntington)입니다. 이른바 문화 전쟁이지요. 문화는 서로 맞부딪칩니다. 유럽도 마찬가지예요. 그리스도교가 이슬람교를 어떻게 대하나요? 뭘 해야 좋을지 모를 때가 많습니다. 예루살렘에서 살면서 이런 난처함은 내게 큰 부담입니다. 예전에는 지금보다 낙관적이었는데, 내가 순진했던 것 같습니다. 이슬람교도들이 사고하고 행동할 때 기준으로 삼는 규범을 아십니까? 이 점에서도 우리는 서로 다르지요. 서로 이해하고 상대에게 자신을 알리기 위해서는 일단 서로를 더 잘 알아야 합니다. 우리 아이들에게 닥칠 위기가 여기서 발생합니다. 예전과 달리 요즘 청소년들이 처한 사회 환경이나 교회 환경은 매우 다양합니다. 단순하지 않아요. 그러니 앞으로는 더 큰 결단력이 요구될 겁니다. 이것은 완전히 새로운 도전입니다.

재앙은 이런 도전들을 받아들임으로써 피할 수 있습니다. 할 일은 많아요. 특히 중요한 과제는 청소년들이 곤경에 처한 바로 그곳에 있습니다.

교회에는 청소년들이 필요합니다. 청소년들을 불러 모으는 데는 역시 청소년들이 최고지요. 다른 누구보다 같은 또래에게 털어놓기가 쉬운 법이니까요. 우정, 가족관계, 모험과 비밀, 하느님 등 개인적인 문제일수록 더욱 그렇습니다. 신앙의 문으로 들어가는 열쇠는 청소년들이 쥐고 있습니다. 옛날에는 부모들이 가지고 있었지요. 본당 공동체와 종교교육, 교회는 이 열쇠 주인들을 후원하고 격려할 뿐이지요. 어쨌든 열쇠 주인 없이 우리가 할 수 있는 일은 아무것도 없습니다.

신부나 주교 입장에서는 젊은이들에게 질문받는 것만큼 멋진 일이 없습니다. 훌륭하고 심오한 질문은 신뢰를 전제로 하는데, 신뢰는 불안을 없애 주지요. 나는 젊은이들에게서 배우고 싶습니다. 대교구의 주교라는 고된 직책을 맡고 있을 때 내게 가장 큰 힘이 되어 준 친구들이 바로 젊은이였어요. 그들은 내게 삶에 대해 들려주었습니다. 그들은 내 삶이었고 나를 자기들 속에 맞아들여 주었지요. 지금은 젊은 외국인들, 특히 이슬람교도와 친해지려고 그때보다 더 노력합니다. 그들 중에는 선한 사람도 많고, 평화를 위해 일하고 싶어 하는 이상주의자도 많아요. 그리스도인과 이슬람교도가 서로 어울려 사는 법, 신앙 안에서 교류하는 법, 더불어 인류에 봉사하는 법은 젊을 때 더 쉽게 배울 수 있습니다.

◀◀◀ 어떻게 청소년들의 신뢰를 얻으셨습니까?

잘은 모르겠지만 아마 우연히 그렇게 되었을 거예요. 나는 예수회 사제로서 늘 청소년들과 함께 살았고, 교수로서 학생들과 어울렸어요. 까다로운 사람들과 비판적 학생들이 항상 내 관심을 끌었지요. 그들과의 만남은 더할 나위 없이 생산적인 토론으로 이어졌습니다. 처음에는 그저 호기심이었는지도 모릅니다. 청소년에게 강론하는 법을 배우고 싶어 하는 사제가 있다면, 청소년들 속으로 들어가 그곳에서 스승을 찾으라고 충고할 겁니다. 나는 소모임에서 청소년들에게 강론을 했는데, 듣는 이가 한 사람뿐일 때도 있었지요. 나는 그들의 생각을 듣고 싶었고, 실제로 많은 것을 배웠습니다. 무엇보다 내가 도움을 구하고 배움을 바라던 개인적 만남에서 청소년들과 나 사이에 어떤 '다리'가 놓였습니다. 당시 나는 서른 즈음의 성인이었지만 나이 든 사람은 아니었지요. 신뢰라는 이름의 이 '다리'는 모든 사제와 청소년 사목 담당자와 교사를 강하게 만들어 줍니다. 신뢰가 생겨야 좋은 생각과 적절한 표현을 발견하게 됩니다. 상대방, 그러니까 청소년들에게서 좋은 생각을 발견하고 수용할 수 있는 능력이 생기는 것이지요.

◀◀◀ 추기경님은 청소년들에게 설교하기보다는 오히려 배우고 싶어 하시지요. 새로운 사목 원칙인가요?

그걸 사목 원칙이라고 한다면, 그 원칙은 청소년에게서 찾아낸 것이 분명합니다. 교회의 어느 누구도 처리해야 할 사안이나 돌보아야 할 환자 같은 객체가 아닙니다. 청소년은 더더욱 아니지요. 책상 앞에 앉아서 어떻게 청소년들을 불러 모을지, 어떻게 신뢰를 쌓을지 궁리하는 건 아무 의미 없어요. 그것은 청소년들이 우리에게 선물해 주는 겁니다. 그들은 우리와 마주 보고 선 주체예요.

우리는 그들과 협력하고 소통해야 합니다. 청소년들은 우리와 대화하고 싶어 합니다. 그들이 교회입니다. 그들은 우리의 생각과 관념, 교회 규정에 매이지 않습니다. 위에서 내려다보거나 아래서 올려다보는 대화가 아니라 눈높이를 맞춘 대화가 교회에 역동성을 보장합니다. 이로써 교회의 중심에서 현대인의 물음에 답을 구하려는 움직임이 일어나게 되지요.

◀◀◀ 젊은이들은 즐기고 노는 일에만 푹 빠져 있고, 마음을 쏟아도 교회 밖의 일에 대해서나 그런 데다가, 그나마 그것도 잠시뿐이라는 불만들이 있습니다. 어떻게 생각하세요?

그런 말은 어느 시대나 세대를 막론하고 있었던 것 같아요. 내가 만난 젊은이들은 훨씬 긍정적이었습니다. 젊은이들은 여러 부류로 나눌 수 있어요. 첫째 부류는 영적 가치나 종교나 사회문제에 특별한 관심이 없는 이들이지요. 그들은 단순하게 살고 즐기면서 소비와 쾌락, 성공을 좇습니다. 교회가 그들과 관계 맺기란 매우 어렵습니다. 교회와는 기껏 결혼식이나 장례식 같은 행사 때나 피상적으로 만날 뿐이지요.

하지만 곤경에 처할 때는 사정이 달라집니다. 마약에 의존하거나 범죄를 저지를 경우, 그때 그들은 자신이 잘못된 길을 가고 있고, 뭔가 다른 것이 필요하며, 타인에게 의존하고 있다는 것을 느끼게 됩니다. 그렇게 문이 열리면 교회가 인간적·사회적·치료적 도움을 줄 수 있습니다. 신앙이 몸과 마음을 온통 사로잡아야 한다고들 합니다. 머리, 가슴, 손, 발이 모두 여기에 속하지요. 물론 가장 중요한 변화는 머리와 가슴에서 일어나지만 젊은이들은 손과 발에서 시작하는 편이 쉽습니다. 교회나 사제와 접촉이 드문 이들이 특히 그렇지요. 올바른 길은 형제자매를 위해 용감히 투신하고 이웃에 헌신하는 것입니다 (마태 7,11; 마르 12,28-34; 루카 10,25-37). 그들은 하느님의 사랑으로 향하는 여정에 있습니다. 교회는 모든 이를 위해 존재하기에 교회 안의 사람과 밖의 사람 사이에 차이를 두어서는 안 됩니다.

그렇게 시작한 것이 점점 발전하면 젊은이들을 신앙과 신뢰와 감사로 부단히 이끌 수 있습니다. 그들을 교회와 예수님께 인도할 수도 있겠지만, 그것이 전제 조건이어서는 안 됩니다. 다른 의도 없이 도와야 합니다.

둘째 부류는 다른 곳에서 찾지 못한 것을 우리에게서 찾고자 하는 이들입니다. 그들은 공동체를 원하고 다른 젊은이들을 사귀고 싶어서 찾아오지요. 혼자가 아니길 원할 뿐 기도나 신에 대한 문제가 크게 중요하지는 않습니다. 어쨌든 그들은 우리 가까이에 옵니다.

셋째 부류는 가치를 지향하고 영적·사회적 문제에 관심을 두면서도 교회와는 동떨어져 있는 젊은이들입니다. 그들은 교회와 동일하게 정의와 인류애, 연대 같은 목적을 추구하지만 교회에서 멀리 떨어져 있습니다. 대개 정치적으로는 진보 성향을 띠고, 우리와 마찬가지로 세상을 구하는 일과 하느님께서 이 세상을 위해 바라시는 일에 투신합니다. 우리는 기꺼이 그들을 후원하고 함께 일하고자 합니다. 함께라면 더 많은 일을 해내고, 더 많은 사람을 구할 수 있을 겁니다. 이런 젊은이들도 대부분 혼자입니다. 그들에게는 울타리와 공동체, 동반자가 필요하지요. 우리는 그들에게 힘과 위안과 지혜의 원천을 가르쳐 주어야 합니다. 그들이 불안해하고 회의를 느끼고 당황하고 낙담할 때 해결책을 찾도록 도와주는 힘의 원천을 일러 주어야 합니다.

 넷째 부류는 우리를 찾아와 질문하는 젊은이들입니다. 어떻게 하면 좋은 그리스도인이 될 수 있냐고, 기도하는 법과 성경 읽는 법을 어떻게 배울 수 있냐고 물어봅니다. 하느님에 대해서도 묻고, 이 세상에서 자신에게 주어진 사명에 대해서도 묻지요. 하지만 하느님께 마음 열고 기도하기를 가끔씩 힘들어합니다. 결단을 내리지 못하고 태도를 분명히 정하지 못합니다. 하느님의 뜻을 실현하는 길을 구하면서도 확신이 없습니다. 선행을 통해 사회에 참여하긴 하지만 일생일대의 결단을 과감히 실천하지는 못합니다. 그들이 낙담하고 주저하고 있다면 실패를 겁내지 말고 결단할 수 있도록 도와주어야 합니다. 청소년들은 여정 중에 있습니다. 이것이 가장 중요합니다.

◀◀◀ 독립을 원하는 청소년들이 많습니다.

독립은 숭고한 목표입니다. 청소년들에게 당부합니다. "자신에게 다정해야 합니다. 공부하고 취미를 가꾸고 재능을 발휘하면서 강해져야 합니다." 자기를 사랑하는 이가 남도 사랑할 수 있고, 자기를 이해하는 이가 남도 이해할 수 있습니다. 신뢰와 소통을 배우세요. 청소년들을 격려해 줄 롤모델과 교사들이 교회에 있어야겠습니다.

하느님은 우리가 모든 피조물에서 독립하고 지상의 어떤 것에도 의존하지 않은 채 자유롭기를 바라십니다. 우리는 제각각 하느님과 사적 유대를 맺으며 살아갑니다. 하지만 독립에 대한 욕구는 부유한 오늘날에 이르러 속박을 두려워하는 문제가 등장하면서 나타난 징후인 듯합니다. 대중매체가 범람하고, 컴퓨터 사용이 증대하고, 소비가 증가하면서 인간의 결단력과 결속력이 약해졌습니다. 누구도 이러한 영향에서 벗어날 수 없기에, 이것을 다루고 이용할 수 있는 인격이 필요합니다. 삶을 능동적으로 조직하고, 활동하고, 묵상하고, 우정을 맺고 가꾸는 것도 중요하지만, 고행과 절제의 능력도 중요합니다. 가족끼리 함께 식사하고, 대화하고, 손님을 맞고, 기도하고, 산책하고, 사회에 봉사하는 것을 더 가치 있게 여기던 시절이 언제였던가요? 대중매체가 범람하는 시대에는 청소년들의 인격 발달에 그 어느 때보다 각별한 주의를 기울여야 합니다. 그들이 마음의 소리에 귀 기울이며 유혹에 빠지지 않도록 어떻게 가르쳐야 할까요? 타인에게 받아들여지고 서로를 위해 존재할 때 영육은 건강해집니다.

◀◀◀ 추기경님은 밀라노 대주교로 계실 때 대성당에서 젊은이 수천 명에게 교리를 가르치셨지요. 어떻게 그토록 많은 젊은이를 열광시킬 수 있었나요?

우리는 성경 말씀에 귀 기울이고자 했을 뿐입니다. 한 구절을 낭독한 다음 침묵 속에 머물렀지요. 각자가 자신의 답을 찾는 것이 중요했습니다. 나는 정형화된 답을 주지 않았습니다. 말씀을 경청한 후 주의 깊고 세심하게 머무를 동기만 부여했을 뿐입니다. 많이 설명하지도 않았고 해석학적 통찰을 제시하지도 않았지요. 그저 젊은이들이 성경 구절과 대면하도록 했을 뿐입니다. 이렇게 그들은 예수님과 친교를 나누게 되었습니다. 하느님께서 자신들에게 물음을 던지셨다는 사실을 이해한 것입니다. 여러 해가 지난 지금까지도 참가자들이 편지를 보내옵니다. 함께 말씀을 들었던 것이 살면서 결단을 내리는 순간에 도움이 되었다고 합니다. 성경을 통해서 그들은 기도하는 법을 배웠습니다. 그 말씀이 자신에게 예정되어 있었고, 깊이 관계되어 있었고, 자신에게 무엇인가 말하고자 한다는 것을 인식하는 경지에 이르렀지요.

공동체 경험도 중요했다고 믿습니다. 매달 오천 명에 이르는 사람들이 나와 함께 성경을 읽으려고 밀라노 대성당으로 몰려왔어요. 한번은 교리를 마치고 이렇게 물었습니다. "여러분 가운데 누가 온전히 하느님의 뜻을 따를 준비가 되어 있습니까? 누가 온전히 함께하고자 합니까?" 많은 젊은이가 손을 들더군요. 백 명은 되었을 겁니다. 나는 그들과 정기적으로 만나 모임을 계속했지요. 나는 그들이 자신과 서로를 더욱 잘 알아 가도록 안내했습니다. 자신이 무엇을 원하는지, 자신의 욕구가 어디로 향하는지, 자신의 재능이 무엇인지, 세상 어디에 자기 자리가 있는지, 어디서 함께 일할 수 있고 일해야 하는지 느낄 수 있도록 동행했습니다. 수많은 사람 가운데서 더욱 많이 헌신하고, 협력하고, 우정을 나누길 원하는 집단과 개인을 만나는 것은 멋진 일입니다.

◀◀◀ 청소년들과 함께하려면 무엇부터 시작하는 게 좋을까요?

중요한 것은 마음을 활짝 여는 것입니다. 두려움을 갖지 않는 것입니다. 하느님을 신뢰하는 사람이 두려워할 게 무엇입니까? 모든 청소년에게 신뢰를 얻으려면, 우선 한 사람 한 사람과 친구가 되어야 합니다. 그러고 나서야 앞서 이야기한 '다리'가 놓이고, 고민과 의문이 교회 밖에서가 아니라 교회 안에서, 그것도 자기 마음속에서 일어나게 됩니다. 젊은이들을 불러들이는 방법은 배우고 발전시킬 수 있어요. 이에 관해서는 기업가들뿐 아니라 교회 지도자들도 연구하고 익힐 자료와 조언이 많습니다.

이탈리아에는 진취적인 청년 단체가 여럿 있는데, 그들은 젊은이들이 있는 곳이라면 나이트클럽, 해변, 거리 할 것 없이 어디든 찾아갑니다. 또래에게 말을 걸고 그들의 내적 고통을 공감하는 법을 익힙니다. 물론 단박에 되는 일은 아니에요. 대화를 이끌면서 관계 맺는 법도 배웁니다. 수많은 젊은이가 그저 재미와 쾌락만 좇는 듯 보이지만, 실제로는 우울에 빠져 있고 삶의 변화를 갈망합니다. "뭘 해야 좋을지는 나도 모르죠. 술이나 마약, 그런 거 없이는 못 살아요. 어차피 혼잔데요, 뭐."

타인에게 다가가고 곤경에 처한 청소년들에게 관심을 기울이는 젊은이들이 점점 많아지고 있다니 놀랍습니다. 신뢰를 얻는 것이 꼭 어려운 일만은 아니라는 것과 타인에게 귀를 기울이는 일에서 보람을 느끼는 것은 그들에게 경이로운 체험입니다. 모든 신앙인은 이런 관계를 실천해야 합니다. 간단한 보이스카우트 규칙을 꼭 기억하세요: '일일일선'一日一善.

3장 친교와 우정

제일 친한 친구가 루마니아로 갔어요. 그게 저는 이해가 잘 안 돼요. 학교에서는 꿈에도 그럴 것 같은 아이가 아니었거든요. 완전히 공붓벌레였어요. 저한테 이메일을 많이 보내는데, 어떻게 해야 할지 모르겠어요. 그 애는 매일 성당에 가고, 꼬박 일 년 동안 거리의 아이들과 함께 지낸대요. 제가 한번 가 봐야겠어요.

에바

◀◀◀ 친교 없는 청소년 사목은 상상할 수 없어요. 정말 추기경님과도 친구가 될 수 있을까요?

나는 친구를 그리워하면서도 찾지 못했어요. 너무 많은 것을 원했던 겁니다. 친구를 사귀는 데 너무 까다로웠지요. 제가 잘못한 게 두 가지 있어요. 친구는 선물이라는 것을 이해하지 못했고, 사귈 수 없을 거라 지레짐작해 버린 거예요. 그래도 훗날 몇몇 친구를 사귀긴 했답니다. 나는 친구와 함께 있을 때도 기쁘고, 혼자 있어도 기뻐요. 주교직에 있으면서 비로소 나는 사람들이 얼마나 선하고 친절한지 체험했습니다. 많은 사제가 자신의 주교를 진정으로 사랑해 주었어요. 이러한 친교 안에서 내게는 과분하기만 한 하느님의 선의를 느꼈지요. 예전에는 책 속에 파묻혀 지내며 사람들 앞에 나서는 걸 수줍어했지만, 주교로 일하면서 사람들을 신뢰하게 되었어요. 청소년들이 나에게 다가와 모든 불신을 불식시켜 주었지요.

우정은 나에게 값지고 귀한 것입니다. 하느님께서 우리에게 주신 것이지요. 나는 친구와 친절을 구별합니다. 모든 사람에게 친절할 수는 있지만, 모든 사람과 친구일 수는 없답니다. 당신이 누군가를 일 년 만에 만나서 꼭 어제 보았던 것처럼 이야기 나눌 수 있다면 그것이야말로 우정의 징표입니다. 친구라고 해서 늘 함께 있어야 하는 건 아니지만, 중요한 일에 대해서 언제든 의논할 수는 있어야 합니다.

◀◀◀ 어떻게 친구를 사귀셨습니까?

나는 젊었을 때부터 산을 좋아했어요. 대주교로 있을 때도 틈만 나면 등산을 했지요. 최소한 일주일에 반나절은 산에 올랐어요. 내 오랜 친구는 산 친구들이에요. 함께 고생하면서 잊지 못할 고비도 넘겼답니다. 먹을 것을 나누었고 정상에서는 술잔도 기울였지요. 산을 오를 때는 서로 아무 말도 하지 않았지만 불편하지 않았어요. 개인사도 터놓고 이야기했는데 그런 솔직함은 산에서만 가능하지요. 제자들이 예수님의 영광스러운 변모를 산에서 체험한 사건을 생각해 보세요. 제자들은 그곳에 머물며 초막을 짓고자 했고, 그곳에서 하늘이 열렸어요. 하지만 사람은 산에서 내려와 일하고, 일상을 헤쳐 나가야 합니다. 새로운 힘을 얻고, 우정의 힘으로 살아가는 것이지요.

친구를 사귀는 것이 정말 어려운 일일까요? 좀 별난 상황에서도 타인에게 다가갈 수 있습니다. 내가 아주 젊었을 때, 한번은 공원에서 불량해 보이는 어떤 젊은이 옆에 앉게 되었어요. 약에서 깨어난 청년이 깜짝 놀란 눈으로 나를 보더군요. "넌 뭐야?" 정말 예기치 못한 질문이었지요. "나는 신부인데, 그쪽한테 뭔가 해 줄 수 있을까 해서요." 그가 배고프다고 하기에 빵집에 갔어요. 그렇게 관계가 시작되었습니다. 마약과 치유의 세계를 처음으로 접하게 해 준 관계였지요. 나는 그 청년을 수녀들이 운영하는 시설에 데려다 주었습니다.

우정은 위대한 것입니다. 하지만 작은 데서 시작되지요. 한 학교에서 지도신부로 있을 때 방과 후에 라틴어 보충수업을 하면서 어려운 학생들을 도와주었어요. 그 덕에 친구가 생겼지요. 이제는 어른이 된 그 학생들이 라틴어는 잊었을지 몰라도 우정은 잊지 않았을 겁니다. 우정은 당시 내게 무엇보다 소중했어요. 보충수업을 받는 학생들이 나에게 보여 준 신뢰가 온 학급에 퍼졌지요. 청소년들을 가르치려는 데서가 아니라 그들이 겪는 문제와 어려움을 함께하려는 데서 우정은 꽃피는 것이랍니다.

청소년 사목을 할 때 가장 중요하고 효과적인 방법이 또 있어요. '타인을 당신의 조력자로 만들라'는 마법의 주문이 바로 그것입니다. 나는 늘 업무와 공부가 밀려 시간이 없었어요. 그래서 도움이 많이 필요했는데, 과중한 업무에 시달리던 나를 도와준 사람은 대개 젊은이들이었지요. 이 사람 저 사람에게 모임을 맡아 달라고 청하니 처음에는 "저는 못해요", "전 너무 어려요" 하며들 망설이더군요. 지원을 아끼지 않겠다고 약속하고 그들과 모임을 준비했습니다. 나중에는 모임 책임자 전부를 모으는 자리를 마련했지요. 저마다 성과를 보고하고 궁금한 점을 물어볼 수 있는 자리가 필요했어요. 거기서 서로 대화하면서 실패를 극복할 수 있게 도움을 주고받았습니다.

나는 모임의 지도자들과 동행하면서 소중한 친구들을 얻었는데, 그중 상당수가 피정에도 참가했습니다. 그들은 쑥쑥 성장했어요. 어떤 이가 자신의 경험에서 배우고 성장하여 행복해지고, 다른 이가 이러한 내적 성장에 기여했다면, '어떤 이'는 '다른 이'를 친구로 여길 겁니다. 친구는 친구를 성장시킵니다. 친구의 재능을 발견하여, 그 스스로 자기 재능을 사용하고 계발하도록 돕습니다.

◀◀◀ 청소년들에게 무엇을 가르칠 수 있을까요?

특별히 가르칠 것은 없습니다. 내면의 스승에게 귀 기울이도록 도울 뿐이지요. 아우구스티누스의 말씀인데, 좀 생소하게 들리나요? 아우구스티누스는 우리가 할 수 있는 것이라고는 청소년들이 깨달음을 얻을 수 있는 조건을 마련해 주는 것뿐이라고 강조했습니다. 깨달음과 통찰은 청소년의 내면에서 비롯되어야 합니다.

◀◀◀ 청소년들은 교회에 무엇을 요구하고 기대할 수 있나요?

젊은이들은 배움을 통해 더 많은 책임을 맡을 수 있고, 진지하게 받아들여질 수 있다는 것을 알게 될 때 배움에 흥미를 느낍니다. 신앙고백은 쉬운 일이지만 반드시 연습해야 합니다. 무엇보다 중요한 것은 청소년들이 용기를 내는 것이지요. 나는 요즘도 강론이나 강연을 시작하기 전에 이상과 소망에 대해 질문합니다. 물론 젊은 친구들에게 묻는 게 제일 좋지만, 가끔은 추기경님들에게도 물어봅니다. 우리는 청소년들의 걱정을 우리의 걱정으로 여겨 그에 대한 교회의 응답을 구하고자 합니다. 물론 나의 젊은 친구들도 이제 마냥 어리지만은 않아요. 갈수록 청소년들과 이야기하는 게 재미있어요. 이제 열다섯이나 스물, 스물다섯 살쯤 된 이들이지요.

중요한 것은, 우선 청소년들의 자신감을 일깨워 주는 것입니다. 그들이 지닌 재능에 주의를 기울여 그들의 신뢰를 얻고 서로 친구가 되는 겁니다. 그러면 청소년들은 그들 삶의 문제를 들고 오게 되고, 자연스레 가르칠 거리가 나오지요. 이것이 청소년들의 관심을 불러일으키는 가장 깊은 원천입니다.

관건은, 증언하는 것입니다. 예수님의 가르침은 다른 것이 아닙니다. 예수님이 어떻게 하셨나요? 제자들을 당신의 삶과 활동에 참여시키셨지요. 제자들은 예수님이 홀로 계시거나 쉬시는 동안에도 질문할 수 있는 특권이 있었어요. 예수님은 제자들을 가르쳐 온 세상에 파견할 사도로 만드셨습니다. 곤경을 직시하고, 도움이 필요한 이들을 돕는 것을 의무로 삼으라 가르치셨지요. 이 특별한 의무는 통찰력으로 이어집니다. 고통받거나 부당한 대우를 받는 사람을 사랑할 때 통찰력이 생겨나고 그를 돕지 않을 수 없게 됩니다. 이러한 '그럴 수밖에 없음'을 경륜과 용맹의 영과 위로의 영은 외면하지 않습니다.

책임을 맡은 청소년들은 도움과 지지가 필요합니다. 대부분의 직업에서 그러하듯이 우선 '도구 사용법'을 익혀야겠지요. 청중들 앞에 서는 법부터 배우는 게 중요합니다. 의자를 정렬하는 것부터 시작하여 마이크 테스트, 자신의 첫 무대에 친구들을 앞줄에 앉히는 요령 따위가 있지요. 나에게 확신을 불어넣고 격려해 줄 친구들을 앞줄에 앉혀야 합니다. 말하기 연습도 중요해요. 집단을 역동적으로 이끄는 규칙을 알아야 합니다. 내가 전하려는 메시지와 달성하려는 목표는 무엇인지, 어떤 논점들을 주지시킬 것인지 제대로 준비하는 것도 잊지 마세요. 명확하게 정리하고 순서를 정하는 것이 도움이 됩니다. 이야기의 서두는 어떻게 꺼낼까요? 수사학에서 말하는 '호의 끌기'(captatio benevolentiae)는 듣는 이의 주의를 끌고 환심을 사는 특별한 기법입니다. 우리는 이 실용적 기법을 교육을 통해 배웠고 지금도 유용하게 써먹고 있지요.

다른 문제도 있습니다. 의무에 치여 뒤죽박죽되지 않으려면 사안들의 우선순위를 매겨야 하고, 조직을 엮어야 하며, 협력자를 구해 그들과 어울리며 조화로운 분위기를 연출해야 합니다. 과도한 임무에 짓눌려 탈진할 지경이 되어도 스스로 용기를 내야지요.

한 집단의 리더가 되기로 마음먹었다면, 이 모든 것을 가르쳐 주고 난관을 극복하도록 도와줄 스승을 찾아야 합니다. 무엇보다 인간관계와 인격 성장을 이끌어 주면서, 젊은 리더의 개인적 고뇌와 희열을 함께할 스승을 찾아야겠지요. 이것이 리더의 능력이자 조건입니다.

◀◀◀ 어떻게 교회는 청소년들에게 문을 열 수 있을까요?

청소년의 눈으로 보면 길이 보입니다. 그들이 무엇에 흥미를 느끼는지, 주로 어디서 활동하는지, 인간관계는 어떤지, 무엇을 비판하고 무엇을 바라는지를 알면 교회가 참여할 만한 다양한 관심 영역이 발견될 것입니다.

먼저 청소년들이 중심에 서야 기성세대와 교회 조직이 그들을 지지하고 후원할 수 있습니다. 그들이 어떻게 살아야 할지 미리 규정하고 판단해 놓은 다음 우리의 규범과 표상에 일치하는 청소년들을 모으려고 해 봐야 절대 통하지 않습니다. 온전히 자유롭지 못한 소통은 소통이 아닙니다. 억압해서는 단 한 사람도 얻을 수 없습니다. 내가 만나는 사람은 처음부터 동반자이자 주체입니다. 새로운 생각과 해법은 동등한 대화로써만 주어지니까요.

우리가 청소년들을 동등한 동반자로 받아들이느냐, 아니면 앞가림도 못하는 어린애로 여겨 가르치려 드느냐 하는 것은 그들에게 가장 민감한 문제입니다. 우리는 모든 사람이 하느님의 피조물이며 동등한 존엄성을 지녔다고 믿습니다. 이것이 의사소통의 결정적 전제입니다.

◀◀◀ 하지만 세대 차가 있지 않나요? 젊은이들이 특별히 기여할 수 있는 일에는 어떤 것이 있을까요?

인생에는 다양한 시기와 연령대가 있습니다. 신약뿐 아니라 구약성경에도 각기 다른 인생 단계가 묘사되어 있지요. 베드로는 오순절 설교에서 기원전 4세기 예언자 요엘의 말씀을 언급하면서, 인생의 세 단계에서 나타나는 성령의 작용을 묘사했습니다.

"너희 아들딸들은 예언을 하고, 너희 젊은이들은 환시를 보며, 너희 노인들은 꿈을 꾸리라"(사도 2,17).

예언한다는 것은 곧 비판한다는 뜻입니다. 청소년들이 저마다의 천진함과 불굴의 이상으로 통치자와 지도자와 교사들을 자극하고 비판하지 않는다면 자신의 사명을 따르지 않는 것입니다. 이렇게 그들은 우리를, 특히 교회를 전진하게 합니다.

예언자 요엘은 젊은이들이 환시를 보라고 했습니다. 그들은 책임을 맡은 세대입니다. 사제·부모·기업가들은 공동체와 가족과 기업의 목표를 설정해야 합니다. 책임자는 맡은 일이 어떻게 되어 가는지, 어떤 사명을 받아들여야 하는지 알아야 합니다.

예언자 요엘이 노인들에게도 사명을 부여한 것은 멋진 일입니다. 그들더러 비판하고 내다보라고 요구하거나, 젊을 때처럼 책임을 떠맡고 계획대로 실행할 것을 기대하는 건 아닙니다. 그들은 하던 일을 젊은이들에게 넘기고 새로운 일에 관심을 기울이지요. 바로 꿈꾸는 일입니다. 요엘이 꿈꾸기를 말했고, 베드로가 그 말을 받아들였습니다. 베드로는 이 같은 성령의 활동을 묘사하며 성령이 교회에 영원하길 소망했던 것이지요.

이러한 상대성은 오늘날 세대 간의 대화를 흥미롭게 만들 것입니다. 각 세대의 역할은 저마다 달라도, 그 가치는 동등하기 때문입니다.

청소년들의 기여가 중요합니다. 그들은 아직도 교회와 위정자를 비판하는 데 관심이 있을까요? 아니면 멀찍이 떨어져 침묵하고 있을까요? 갈등이 존재하는 곳에 불이 타오르고 성령이 활동하십니다. 특히 협력자를 찾고 종교적 소명을 구할 때는 우리를 불편하게 만드는 이들을 주목해야 합니다. 바로 이런 비판자들이야말로 장차 '책임자'가 되고, 마침내 '꿈꾸는 이'가 될 사람들이 아닌지 눈여겨봐야 합니다. '책임자'들은 교회와 사회를 더욱 정의로운 미래로 이끕니다. '꿈꾸는 이'들은 우리를 성령의 놀라운 활동에 열려 있게 해 주고, 용기를 심어 주고, 냉혹한 전장에서 평화를 꿈꾸게 합니다.

◀◀◀ 추기경님도 이제 노년이십니다. 교회에 대해 어떤 꿈을 꾸고 계신지요?

예언자 요엘은, 노인들이 인생의 환멸이 아니라 꿈을 물려주어야 한다고 했습니다. 야곱은 꿈에 하늘에 닿은 층계를 오르내리는 천사들을 보았지요. 나도 여기 예루살렘에서 꿈꿀 수 있어서 행복합니다. 요즘은 사람들을 많이 만납니다. 전 세계 방방곡곡에서 온 사람들이지요. 그들 중에도 지상으로 내려온 천사들이 있답니다.

예전에는 교회에 대한 꿈이 있었지요. 가난과 겸손으로 자신의 길을 가는 교회, 세상의 권력에 매달리지 않는 교회를 꿈꿨어요. 불신이 뿌리 뽑히기를 꿈꿨습니다. 고민하는 이들의 이야기를 들어주는 교회, 스스로를 하찮은 사람이나 죄인으로 여기는 이들에게 용기를 주는 교회를 꿈꿨어요. 내가 꿈꾼 것은 젊은 교회였습니다.

지금은 더 이상 그런 꿈을 꾸지 않습니다. 일흔다섯이 되면서부터 교회를 위해 기도하기로 결심했어요. 그리고 미래를 기대합니다. 하느님 나라는 어떤 모습으로 올까요? 나는 죽어서 부활하신 그리스도를 만나게 될까요? 테야르 드 샤르댕Teilhard de Chardin에게 늘 감명받습니다. 그는 이 세상이 고귀한 목적지를 향해 나아간다고 보았지요. 그 목적지는 하느님이 모든 것 안에서 모든 것인 곳입니다. 샤르댕의 유토피아는 모두에게 각자의 자리를 마련해 주는 합일체입니다. 그의 유토피아는 투명하고, 모든 이에게 수용됩니다. 각자의 개성이 존재하는 가운데 하느님 안에서 하나가 되는 것이지요. 유토피아는 중요합니다. 당신이 이상을 품고 있을 때라야만 영혼은 하찮은 갈등을 넘어 당신을 일으킵니다.

◀◀◀ 청소년들에게 걱정되는 점도 있습니까? 아니면 모든 것을 이해하시는 편인가요?

용기가 부족한 것이 좀 걱정되는 부분이에요. 하지

만 분명 긍정적인 점도 많습니다. 요즘은 신학을 공부하는 사람이 꽤 있고, 가톨릭에서 성경에 대한 관심이 지금만큼 높았던 때도 없어요. 사회운동도 활발합니다. 요즘 젊은이들만큼 우리도 불의에 민감했는지 모르겠어요. 그들은 노숙자와 거리의 아이들을 위해 헌신하고, 남미와 인도로 가서 극빈자들을 돕습니다. 이러한 자발성이 놀라워요. 게다가 젊은이들은 이교인이나 타 종교나 그리스도교 타 종파와 접촉하는 것을 크게 두려워하지 않습니다. 이러한 현상은 매우 희망적이지만, 완전히 만족스러운 건 아닙니다. 우리 세대는 경험이 풍부하지 못했던 것 같아요. 전쟁과 가난이 걸림돌이 되었지요. 하지만 우리 가운데 많은 이가 고민하여 결단을 내렸고, 나는 그들과 함께 예수회에 입회했지요. 우리는 열정으로 가득 차, 삶을 온전히 하느님께 바치기를 소망했습니다. 교회에 헌신하고, 많은 것을 선배들보다 더 잘하고 싶어 했지요.

    자유와 풍요가 넘치는 오늘날 왜 비판은 점점 줄어들고 중대한 결단을 잘 내리지 못할까요? 나는 예수님이 만난 부유한 젊은이를 떠올리곤 합니다. 예수님은 그를 제자로 삼기에 이상적인 인물이라고 보았지요. 그래서 제자가 될 것을 권하고 칭찬하셨습니다. 하지만 부유한 젊은이는 슬퍼하며 떠났습니다. 예수님은 그를 질책하지도 비난하지도 않았지만, 그를 협력자로 삼지 못하고 사도로 만들지 못한 것을 분명 괴로워하셨어요. 이것은 교회가 오늘날 처한 곤경이기도 합니다. 나를 괴롭히는 이 문제에 대해 젊은이들과 대화하고 싶군요. 그들만이 우리에게 해답을 주고, 수도회가 어떻게 존속될 것인지 방법을 일러 줄 겁니다. 특히 장차 누가 교회 공동체, 학교, 사회 기관을 돌볼 것인지 알려 줄 테지요. 나는 지금 교회를 지탱하고 있는 다수의 훌륭한 성직자나 수도자, 평신도 이야기를 하고 있는 것이 아닙니다. 위대한 사명과 교회를 존속케 할 소수의 젊은이에 대해 말하고 있는 것이지요.

젊은이들과 교회에 하고픈 말은 이것입니다. 용기를 내십시오! 과감히 실천하십시오! 인생을 거십시오! 하느님께 뿌리를 두고 있는 이들이 아니고는 누가 자신의 인생을 바칠 수 있겠습니까! 나는 '아멘'이라는 말을 사랑합니다. 우리의 신앙과 기도 전부를 두 글자로 함축하고 있는 이 말은 히브리어에서 유래했으며 "나는 신뢰한다", "나는 믿는다", "나는 굳건해졌다"라는 의미입니다.

◀◀◀ 젊은이들의 용기와 믿음이 더욱 확고해지기를 바라시는군요. 추기경님도 정말 대담한 분이실 테지요?

주교직에 있으면 젊은이들보다 신경 쓸 것이 많은 것은 분명해요. 신중히 생각해서 말해야 하고 심사숙고해서 결단을 내려야 합니다. 하지만 때로는 대담하게 결행하기도 했어요. 거센 반대와 경고를 뿌리치고 수감 중인 '붉은 여단' 소속 테러리스트들을 만난 적이 있습니다. 그들을 대면하고, 그들의 이야기에 귀 기울이고, 그들을 위해 기도했어요. 테러리스트의 아이들에게 세례를 주기도 했습니다. 재판이 진행되는 동안 태어난 쌍둥이였지요.

테러리스트들이 나를 신뢰하기 시작하자 놀라운 일이 벌어졌습니다. 어느 날 나는 무기가 가득 담긴 궤짝을 받았어요. 살육전을 그만두겠다고 테러리스트들이 보내온 물건이었지요. 수감 중인 조직원들이 외부 비밀 조직에 은신한 동료들에게 서신을 전했던 겁니다. 무기가 든 궤짝은 이탈리아에서 테러리즘이 종말을 고해 간다는 징후였습니다. 우정 어린 관계는 지속되었습니다. 내가 세례를 준 아이들은 이제 훌륭한 젊은이가 되었지요.

◀◀◀ 잘못된 결단에 대해 두려움을 느껴 본 적은 없으신가요?

좀 더 신중했더라면, 하는 결단도 물론 적지 않습니다. 하지만 나는 아무 결단도 내리지 않는 것보다 잘못된 결단이라도 내리는 편이 낫다고 답하겠습니다. 다시 청소년의 경우로 돌아가서 이야기하자면, 과감히 뛰어드는 게 중요합니다. 최상의 조건을 갖춘 사람이 많아요. 우리는 안전하고 풍요롭게 살고 있고, 청소년들은 좋은 교육을 받고 있지요. 결단에 대한 두려움이 인생을 망칠 수도 있습니다. 하느님은 경솔하게 그릇된 결단을 내린 사람이 옳은 길을 찾도록 도와주실 거예요. 나는 교회를 떠나거나 교회에서 맡은 직책을 내놓으려는 사람들에 대해 크게 염려하지 않습니다. 사람들이 아무것도 생각하지 않거나 목적 없이 살아가는 것이 나는 더 괴롭습니다. 나는 생각하는 사람을 좋아해요. 이 점이 가장 중요하고, 믿느냐 믿지 않느냐는 그다음 문제지요. 깊이 생각하는 사람이 진보합니다. 그 사실을 나는 믿습니다.

◀◀◀ 어떻게 교회가 젊은이들에게 결단하는 용기를 심어 줄 수 있을까요?

우리의 친교와 우정이 더욱 무조건적이고 굳건해져야 할 것입니다. 서구 교회에서는 아직도 적지 않은 성직자들이 견고한 담장 안 고급 집무실이나 고풍스런 주교관에 안주하고 있습니다. 배낭여행에 나선 젊은이들을 보노라면 수련기 때의 탁발 체험이 떠오릅니다. 지금도 탁발 체험을 하는 수련자들이 있어요. 그들은 순례 길에 오릅니다. 짧은 기간이나마 그렇게 하지요. 나는 이곳 성지에서 수련자들과 자주 마주칩니다. 젊은이들은 사막에서 갖은 불편을 감수합니다. "아무것도, 전대도 여행 보따리도 여벌 옷도 지니지 마라." 예수님의 말씀과 같지요. 이 말씀은 교회가 소박한 삶을 살면서 과감히 관료주의에서 벗어나라고 촉구하시는 것입니다. 가정방문은 어떻게 하고 있나요? 용기 내어 사람들에게 직접 말을 건네고 있나요? 선교하고 새로운 관계를 맺는 일은 **빽빽한** 일정이나 업무에서보다는 단순한 방법을 통해 성공할 것입니다.

부유한 생활환경은 젊은이들에게 우리 세대에서보다 한층 다양한 가능성을 열어 주었지요. 가능성이 많을수록 결단을 내리기는 더욱 어려워집니다. 선택하는 용기, 너무 오래 기다리지 않는 용기를 젊은이들에게 심어 주고 싶습니다. 결단하지 못하는 이는 자신의 인생을 놓치는 셈이에요. 이것이 오늘날의 가장 큰 위험이지요. 그에 비하면, 잘못된 결단을 바로잡아야 하는 위험 부담은 아무것도 아닙니다.

용감한 사람이 실수합니다. 하지만 더 중요한 것은 용감한 사람만이 더 좋은 세상을 만들 수 있다는 사실입니다. 용감한 사람들은 진정한 친구를 얻고, 하느님께서 선사하시는 권능을 체험합니다.

◀◀◀ 추기경님은 어디서 힘과 용기를 얻으십니까?

나는 성경 말씀을 접하는 것이 직업적 소임이었던 덕분에 인생에서 큰 이점을 지녔던 셈이에요. 성경을 학문적으로 연구하는 경우를 제외하고, 지도자들이 활용할 수 있는 가장 풍요로운 기반은 복음이라고 믿습니다. 이는 청소년 지도자뿐만 아니라, 부모와 모든 사목 활동자에게 해당되지요. 나는 성경에서 창조적 생각과 힘과 위안을 얻는 경영자들도 많이 알고 있습니다.

성경이 품은 보화를 발견하기 위해 꼭 신학을 공부할 필요는 없어요. 시작하려는 용기만 있으면 됩니다. 그러면 맛 들이게 돼요. 혼자가 아니라 다른 사람들과 함께 읽고 들으면 한결 수월하지요. 나는 말씀을 듣고 잠시 가만히 머무르는 시간을 꼭 갖도록 권합니다. 침묵 중에 귀 기울이면 응답이 들리고, 의문도 떠오릅니다. 나는 귀 기울여 듣는 마음을 온전히 신뢰해요. 성경에 다가가는 방법을 혼자 힘으로 찾으려면 계획을 세우는 것이 가장 좋습니다. 매일 몇 분이라도 성경을 읽거나, 주일마다 복음을 묵상하거나, 성경을 처음부터 통독하거나, 암기할 수도 있습니다. 어떤 구절은 밑줄을 긋거나 베껴 쓰기도 하면서 궁금한 점과 개인적 통찰을 적어 둘 수도 있지요. 성경 학교는 이런 자연스런 과정을 거치며 생겨났습니다. 가장 훌륭한 학교는 예수님 발치였겠지요. 성경 학교는 유다교의 오랜 전통입니다. 지금 이곳 예루살렘도 성경 학교가 넘쳐 납니다. 궁금한 것이 있으면 라삐에게 가서 묻고 배우지요.

그리스도인들이 자립하기 위해서는 오늘날에도 이런 것들이 중요한 일인 듯합니다. 결정적인 의문이 들 때, 성경과 더불어 사는 그리스도인이라면 마땅히 자신만의 답을 발견해야지요. 그래야 자신의 믿음을 남들에게도 설득력 있게 증언하고 그에 대해 책임질 수 있으니까요. 그럴 때 교구와 본당은, 신자들이 의존하고 교회로부터 멀어지는 빌미를 제공하는 교도직이 아니라, 신자들에게 동기를 부여하고 그들을 지지하는 틀이 될 겁니다. 주교를 비롯한 교회 고위 성직자들에게는 강하고 자의식 있는 그리스도인이 필요합니다. 성경은 자신만의 의견과 양심, 내면의 강인함을 형성하는 데 분명히 도움이 됩니다.

◀◀◀ 특별히 가깝게 느껴지는 성경의 인물이 있나요?

불안할 때면 가끔 다윗을 생각합니다. 다윗은 삶의 모든 희로애락을 겪었지요. 다윗에게는 친구가 있었습니다. 다윗은 죄를 지었고, 기도했으며, 겸손했습니다. 존경과 신의를 간직한 인물이었고 저돌적이기도 했지요.

어린 다윗은 베들레헴에서 가족의 양 떼를 쳐야 했어요. 그러면서 다윗은 삶에서 가장 중요한 것을 배웠을 겁니다. 약한 이는 보호하고, 강한 이는 이끌고, 모두를 결속하는 법을 말이지요. 그는 용기를 입증해야 했습니다. 예언자 사무엘이 여덟 형제 중에서 새로운 왕을 뽑기 위해 다윗의 아버지를 찾아왔습니다. 아버지는 양을 치고 있던 막내 다윗만 빼고 아들들을 사무엘 앞에 세웠어요. 예언자 사무엘은 아버지가 부르지 않은 막내에 대해 물었지요. 다윗은 부름을 받고 왕으로 뽑혔습니다. 어떻게 다윗은 이 같은 숙명과 거대한 사명에 맞닥뜨려서도 태연할 수 있었을까요? 젊은이다운 천진함 덕분이었을 테지요. 다윗은 적대적인 필리스티아인과 맞서게 되는데, 거대한 투사 골리앗은 절대 이길 수 없는 존재 같았지요. 그러나 다윗은 두려워하지 않고 기지를 발휘해 돌멩이 하나로 골리앗을 쓰러뜨렸습니다. 이때부터 그는 수시로 전투에 나가 용기를 증명해야 했습니다.

다윗은 사울의 종이었습니다. 그는 우울에 빠져 있는 사울을 비파 연주로 달랬어요. 다윗은 시를 짓고 음악을 연주할 줄 알았지요. 그래서 시편의 많은 노래가 그의 것으로 여겨지고 있습니다. 다윗은 사울을 위해 전쟁터에 나가 왕인 사울보다 더 큰 공을 세웠습니다. 사람들, 특히 여자들이 다윗을 예찬했어요. 사울은 경쟁심을 느끼고 다윗을 시기하기 시작했습니다. 하지만 사울의 아들 요나탄이 사울의 사악한 음모에서 다윗을 구해 주지요.

사울과 요나탄은 전장에서 쓰러졌고, 적이었지만 다윗은 그들의 죽음을 애도했습니다. 그는 이스라엘의 왕이 되었어요. 주님의 계약 궤가 모셔진 지성소를 적들의 손에서 구해 내고 환희의 춤을 추며 그것을 예루살렘으로 가지고 왔지요. 이제 모든 권력이 그의 손안에 있었습니다. 어느 날 다윗은 왕궁 옥상을 거닐다가 아름다운 여인을 발견하고는, 그 여인을 얻고자 여인의 남편을 최전방으로 보냈어요. 그러고는 그 여인 밧 세바를 아내로 삼았지요. 밧 세바는 곧 아들을 낳았으나 어려서 죽고 맙니다. 다윗은 슬픔을 가눌 수 없었지만, 곧 자신이 저지른 죄와 부정을 깨닫게 됩니다. 그는 "굳건한 영을 제 안에 새롭게 하소서"라고 기도했습니다. 그리고 다윗과 밧 세바는 훗날 아버지보다 더 강하고 뛰어난 왕이 될 둘째 아들 솔로몬을 낳습니다. 다윗은 왕국을 통합하고 예루살렘에 하느님을 위한 첫 번째 제단을 쌓았고, 훗날 솔로몬은 그곳에 성전을 세웠습니다.

외적 성공에도 불구하고 다윗은 가족과 민족의 가혹한 운명에 맞닥뜨립니다. 아들 압살롬이 반란을 일으켜 아버지 다윗을 왕좌에서 내쫓자, 다윗은 달아날 수밖에 없었어요. 도망 중에 시므이라는 자가 그에게 돌을 던지며 저주했지요. 피난하던 왕은 치욕을 견딜 뿐 저항하지 않았습니다. 그렇게 자신의 위대함을 증명한 것이지요.

압살롬이 군대를 이끌고 다윗을 쫓았으나 오히려 다윗의 군대가 압살롬의 군대를 진압하게 되었습니다. 아들 압살롬을 죽이지 말라고 다윗이 단단히 일렀건만 병사들은 따르지 않았지요. 다윗은 다시 한 번 슬픔에 잠겨 성문 위 누각에 올라 울었습니다. 장수들은 다윗에게 재집권을 종용했지요.

다윗은 자신의 잘못을 뉘우치고 회개했습니다. 그는 자신의 실패와 패배에서 배웠습니다. 내가 다윗에게 끌리는 이유는 그가 성공만이 아니라 불화와 비방과 인생의 시련을 겪으면서도 위대한 용기를 보여 줬다는 점입니다. 그는 상처를 겁내지 않고 싸웠으며, 하느님께서 주신 사명을 위해 삶을 바쳤습니다. 다윗은 젊은이들에게 매력적인 인생 모델을 보여 줄 뿐 아니라, 타인을 이끄는 사명을 지닌 이들에게 용기를 심어 줄 것입니다.

◀◀◀ 우정은 성경의 주된 모티프입니다. 오늘날에도 성경 속 인물들이 인생의 동반자가 될 수 있을까요?

성경 속 친구들은 평생 나를 동행해 주었습니다. 나는 예수님이 사랑하신 제자 요한을 생각해 봅니다. 혹시 그분이 나를 밀라노로 보내 대주교직을 맡게 한 건 아닐까 싶기도 했어요. 밀라노 교구장이 공석이었을 때 많은 이름이 거론되었지만 결정이 나지 않았는데, 마침 교황 요한 바오로 2세가 요한을 소재로 해서 쓴 내 책을 읽고 나를 밀라노 대주교로 임명하기로 했다는 말이 있었지요.

우정에 관한 책이었습니다. 나의 근본 질문은 '어떻게 우리가 예수님의 친구가 될 수 있을까' 하는 것이었지요. 답을 찾으면서 나는 젊은 그리스도인이 자신의 삶을 온전히 하느님께 내어 드릴 수 있는 유일무이한 동기를 발견했어요. 의무나 충동이나 역경 때문에 그런 일생일대의 결단을 내릴 수는 없습니다. 오직 사랑, 요한이 예수님께 받은 사랑만이 그것을 가능케 합니다. 요한은 예수님과의 만남에 우정으로, 자신의 삶과 말로, 복음으로 답했어요. 교회는 이러한 증언으로 살아갑니다. 요한과 그의 형 야고보는 예수님의 첫 제자들에 속합니다. 형제는 가족과 직업과 재산을 버리고 예수님을 따랐어요. 사랑이 아니고는 불가능한 단호함이 이 순간 빛을 발했습니다.

원래 요한과 야고보는 야심 있는 집안의 젊은이들이었어요. 경쟁도 즐겼고요. 어머니는 두 아들이 예수님 좌

우에 앉게 해 달라고 예수님께 청했지요. 예수님은 젊은 이들에게 물으셨습니다. "내가 마시려는 잔을 너희가 마실 수 있느냐?"(마태 20,22). 그들은 단순하고 사심 없이 답했지요. "할 수 있습니다." 이 건강한 자의식은 훗날 그들의 삶을 정화해 주는 것이기도 했습니다. 알베르트 슈바이처Albert Schweitzer가 표현한 대로 요한은 "예수님의 절친한 세 친구" 중 하나였어요. 그들은 예수님이 영광스러운 모습으로 변모하실 때 함께 산 위에 있었습니다. 예수님이 누구이며 그분이 세상에 가져온 것이 무엇인지 처음으로 알아차린 사람들이었지요. 그들은 예수님이 겟세마니에서 공포와 번민의 시간을 보내실 때도 그분과 함께 있었어요. 요한은 최후의 만찬 때 예수님 품에 기대어 앉은 인물입니다. 베드로도 직접 묻지 못하고 요한에게 고갯짓을 하여, 주님을 팔아넘길 자가 누구인지 예수님께 여쭈어 보라고 하지요(요한 13,25). 요한은 복음서에서 "예수님께서 사랑하시는 제자"로 묘사됩니다. 그는 특권을 가지고 있었어요. 외동아이처럼 버릇이 없었을 겁니다. 하지만 야심만만하고 용감하기도 했지요. 요한은 혼란과 공포의 시간도 견뎌 냈습니다. 그는 어찌할 바 몰라 하면서도 충직하게, 장차 그가 모셔야 할 예수님의 어머니와 함께 십자가 아래에 서 있었습니다. 마리아 막달레나가 제자들에게 누군가 예수님을 무덤에서 꺼내 갔다고 알렸을 때, 요한은 베드로와 함께 앞 다투어 달려갔습니다. 요한이

제일 먼저 무덤에 당도했고, 베드로는 그다음이었습니다. 대신 베드로는 비어 있는 무덤을 면밀히 살펴보았지요. 요한은 젊은이다운 열정으로 "보고 믿었습니다"(요한 20,8).

◀◀◀ 예수님의 친구 요한은 예수님을 어떻게 보았나요? 우리는 요한에게서 무엇을 배울 수 있을까요?

요한을 다른 제자들과 비교해 보면 재미있습니다. 요한이 친구라면, 베드로는 지도자요 반석입니다. 나타나엘은 학생, 토마스는 비평가였지요. 유다는 비극적 인물이고 안드레아와 야고보는 젊은이들을 예수님께 인도하는 선배였어요. 모두 각기 다른 재능과 성격이 있고 예수님에게 각기 다른 임무를 받았습니다.

요한 복음서의 저자는 "예수님께서 사랑하시는 제자"로 알려져 있습니다. 요한은 다른 복음사가들이 예수님의 생애를 어떻게 기술했는지 알고 있었고, 자신은 완전히 다른 복음서를 썼습니다. 그는 사랑으로 깊은 곳까지 바라보았지요. 다른 이들과 달리 예수님의 마음을 들여다보았고, 마음속 가장 깊은 곳에서 그분을 움직이는 것이 무엇인지 우리에게 전해 주었습니다. 예수님이 가슴 깊이 갈망하신 바를 조명하기 위해 그는 대담하게도 자유롭고 문학적인 형식을 취했습니다.

이제 교회는 요한이 품었던 불타는 마음을 되찾아야 합니다. 불타는 마음에서 열정과 새로움이 시작될 수 있지요. '예수님의 친구' 요한의 이름을 택한 교황이 갖은 우려를 무릅쓰고 제2차 바티칸 공의회를 소집했습니다. 그는 예수님께 감동하여, 바람처럼 원하는 곳으로 오시는 성령께 넓은 자리를 마련해 드렸지요. 용기는 사랑에서 비롯됩니다. 무엇보다 이러한 사랑을 깨달아 위대한 결단을 감행하는 젊은이들이 늘어나기를 나는 갈망합니다.

◀◀◀ 루카의 관점은 요한과 다릅니다. 어떤 점이 그러한가요?

우리는 성경의 인물들과 함께 살아갑니다. 그들은 우리의 보이지 않는 친구랍니다. 우리가 나태해지거나 제대로 보지 못할 때 그들은 우리를 가만 놔두지 않습니다. 루카는 우리를 자극합니다. 그는 진보주의자예요. 죄인들과 억압받는 이들에게 공감하고 병자들을 위해 투신합니다. 예수님은 나인이라는 고을의 과부에게 죽었던 자식과 삶을 되돌려 주셨어요. 고통을 대하는 루카의 감수성은 그리 놀라운 것이 아닙니다. 의사였으니까요. 루카는 구원자 예수님께 주목합니다. 예수님이 어떻게 치유하시고, 어떻게 잃은 양을 돌려주시는지 이야기하지요. 여기서 예수님의 제자 루카는 자의식과 확신을 얻습니다. 루카 복음서와 사도행전을 통해 그는 교회의 사회적 역할에 대해 엄중히 경고합니다. 손님을 환대하고, 이방인과 실수를 통해 배우고, 자비를 베풀라는 루카의 목소리는 젊은이들을 사로잡았지요.

루카는 예수님을 어떻게 묘사할까요? 루카 복음서에는 젊은이들이 공감할 만한 부분이 많습니다. 예수님은 독립적으로 행동하셨고 요셉과 마리아는 그분 스스로 나아가도록 놔두었어요. 루카는 광야에서 부富와 불의한 왕을 통렬히 비판하는 스승을 그렸습니다. 예수님은 성공한 자들을 걱정하시지요. "불행하여라, 너희 지금 배부른 사람들! … 불행하여라, 지금 웃는 사람들! … 모든 사람이 너희를 좋게 말하면, 너희는 불행하다!"(루카 6,24-26).

하느님은 "통치자들을 왕좌에서 끌어내리시고, 비천한 이들을 들어 높이셨으며, 굶주린 이들을 좋은 것으로 배불리시고, 부유한 자들을 빈손으로 내치셨습니다"(루카 1,52-53)라고 소녀 마리아는 노래합니다. 자신을 낮추는 이들 편에 의연히 서는 사람은 통치자와 부자들을 비판할 수밖에 없습니다. 이 점에서 루카는 정말 놀라운 사람입니다. 복음서에서 그는 다소 과격하긴 하지만 아무에게도 상처 주지 않았습니다. 가난한 자들을 높이고, 가진 자들에게는 소유한 재물을 쓰는 법과 그 재물로 자신과 타인을 행복하게 하는 법을 가르쳤지요. 루카의 말은 누구나 쉽게 이해할 수 있습니다.

루카는 남들이 이교인이라 헐뜯는 사마리아인도 고운 눈으로 봅니다. 그는 이스라엘의 두려움과 폐쇄성을 비난하며 착한 사마리아인을 만인의 모범으로 세우지요. 착한 사마리아인은 사제가 방치한 이웃들을 살핍니다.

심지어 루카는 약은 집사에게서도 본받을 점을 발견합니다(루카 16,1-8). 예수님은 불의한 재물로 친구들을 만들라고도 하십니다(루카 16,9). 루카에 따르면 불의한 재판관과 가엾은 과부(루카 18,1-8), 세관장 자캐오(루카 19,1-10)에게도 배울 점이 있지요. 루카는 다른 복음서에는 없는, 엠마오로 가는 제자들에게 나타나신 부활하신 예수님 이야기를 전합니다. 예수님은 제자들 이야기에 귀를 기울이며 질문을 던지시고, 제자들은 예수님인 줄 모르고 길을 갑니다. 예수님이 빵을 나누어 주실 때 비로소 제자들은 지난 일을 떠올리며 주님을 알아보게 되지요.

루카가 묘사한 것처럼 예수님은 불의에 맞서는 용기를 지닌 사람들 편에 서 계셨습니다. 루카는 예수님을 따르던 여인들도 간과하지 않았고, 예수님이 어떻게 친구를 얻고 함께 투쟁할 동료를 찾으셨는지 기록합니다. 사랑하는 마음에서 우러나온 비판은 일종의 기술입니다. 루카는 사람들의 자존심을 상하게 하지 않으면서 그들이 굳건해지도록 비판하는 법을 알았지요. 빈자와 부자 사이에 다리를 놓아, 저마다 받은 선물을 교환할 수 있게 했습니다.

◀◀◀ 추기경님은 용기가 그리스도인의 미덕이라 하시고 성경에서 용기를 얻으시지요. 이것이 추기경님 삶의 버팀목인가요?

한때 등산에 푹 빠진 적이 있었어요. 가파른 절벽을 오르려면 바위에 안전장치를 적어도 세 개는 걸어야 합니다. 그래야 팔을 더 멀리 뻗어 네 번째 지점을 향해 몸을 움직일 수 있지요. 안전장치가 하나뿐이면 속수무책으로 바위에 매달려 옴짝달싹 못하게 됩니다. 두 개로도 부족하고, 세 개는 되어야 하지요.

내게 성경 구절은 그런 안전장치입니다. 구절은 살면서 바뀐답니다. 안전장치 같은 성경 구절 세 개를 들어 보라거나, 예전에는 어떤 구절이었고 지금은 어떤 구절이냐고 사람들이 물어 오는 것도 재미있어요.

하느님은 아브라함을 고향에서 끌어내 미지의 땅으로 이끄셨습니다. 인내심 강한 하느님은 밀 가운데 가라지가 자라도록 내버려 두십니다. 예수님은 사랑하시는 제자에게 당신 어머니를 부탁하십니다. 예수님은 마리아와 마르타의 환대를 즐기시는데, 한 명은 시중을 들고 한 명은 그분 말씀에 귀 기울이지요. 일할 때 나는 '씨 뿌리는 사람의 비유'를 수시로 묵상하곤 합니다. 예수님은 "내가 세상에 평화를 주러 왔다고 생각하지 마라. 평화가 아니라 칼을 주러 왔다"(마태 10,34)고 말씀하십니다. 믿음이 결단을 요구하며, 믿음이 그릇된 안정을 도모하지 않는다는 뜻입니다. 믿음은 충돌을 일으키고, 사람들을 갈라놓을 수 있습니다. 각자의 믿음을 토대로 우리는 서로 다른 길을 가기 때문이지요.

우리는 거듭 자문해야 합니다. 어떤 성경 구절이 나를 지탱해 줍니까? 어떤 구절이 나를 자극합니까? 누가 나의 가장 가까운 동반자입니까? 다윗입니까? 요한입니까? 루카입니까? 지금 가까운 인물은 누구입니까?

◀◀◀ 추기경님은 예수님과의 우정에 대해 즐겨 말씀하시는데, 동료들과의 관계는 어떠세요? 주변 사람들과의 관계 말입니다.

인간관계는 정말 다양한 방식으로 맺을 수 있습니다. 우정도 마찬가지예요.

학창 시절 나는 매주 교도소를 방문했는데, 그 인연은 훗날 밀라노 대주교 시절까지 이어졌습니다. 수감자들을 만날 때마다 나는 주교로서의 소명을 절실히 느꼈어요. 당연한 일이지요. 곤경에 처한 사람들은 정에 굶주려 있으니까요.

나는 교도소에서 하느님께서 마련하신 수많은 길을 보았어요. 수감자들은 인간관계나 방문이나 격려에 목말라합니다. 용서에 굶주린 경우도 많지요. 수감자들은 사랑하는 사람들이 멀리 떨어져 있는 것을 두려워합니다. 그들이 언제까지나 수감자들을 돕고 신의를 지키기란 어려운 일이에요. 수감자들은 전구傳求를 청하기도 하고 수호천사에게 의지하기도 합니다.

"내가 감옥에 있을 때에 찾아 주었다"(마태 25,37)는 예수님의 말씀을 나는 직접 체험했습니다. 교도소 방문은 내게 힘의 원천이 되었고, 나는 더 강해져서 돌아오곤 했지요.

◀◀◀ 추기경님은 조국 이탈리아를 사랑하시고, 20년 넘도록 밀라노 대주교로 계셨지요. 그런데 왜 일흔다섯에 예루살렘으로 거처를 옮기셨습니까?

열 살 무렵 어느 신부님에게 이냐시오 성인에 관한 이야기를 들었어요. 그때 처음 예루살렘에서 살고픈 소망을 품었지요. 회심한 이냐시오는 예루살렘으로 갈 날을 학수고대했습니다. 왜 그는 산티아고 데 콤포스텔라나 당대의 다른 큰 성지를 순례하려 하지 않았을까요? 예수님의 자취를 따라가고 싶었던 겁니다. 나는 이러한 동경에 공감했고, 예루살렘으로 향하는 길에서 시편 '순례의 노래'(120-134)를 기도했어요. 예루살렘 순례 길을 나설 때마다 습관처럼 이 기도를 바쳤지요. 나는 온 마음으로 기도합니다. "예루살렘을 위하여 평화를 빌어라. '너를 사랑하는 이들은 평안하여라.' … 내 형제들과 벗들을 위하여 나는 이르네. '너에게 평화가 있기를!'"(시편 122,6-8).

매일 새벽 네 시면 창문을 열고 예루살렘 구시가를 바라봅니다. 정교회 신자들이 아나스타시스*Anastasis*, 즉 '부활 성당'이라 부르는 성묘 성당이 보입니다. 그 너머로 시온 산과 최후의 만찬 기념 경당과 성령 강림 기념 경당이 있습니다. 바위돔 사원과 알 아크사 사원이 있는 광장도 보입니다. 그 아래로는 힌놈 골짜기가, 그 너머로는 올리브 산이 있어요. 맑은 날이면 유다 사막에 자리한 이곳 예루살렘에서 사해는 물론이고 베들레헴 너머 헤로데 무덤까지 보입니다. 나는 성경에 등장하는 장소와 인물에 둘러싸여 있습니다. 성서학을 공부하며, 특히 강론과 개인적 성찰을 통해 평생을 몰두한 것들이지요. "이 사람도 저 사람도 이곳에서 태어났으며"라고 시편 87장에서 노래하듯이 나는 바로 고향에 있는 겁니다.

예루살렘에서는 언제나 시편 구절이 혀끝을 맴돕니다. "만군의 주님 당신의 거처가 얼마나 사랑스럽습니까! 주님의 앞뜰을 그리워하며 이 몸은 여위어 갑니다. 살아 계신 하느님을 향하여 제 마음과 제 몸이 환성을 지릅니다. … 행복합니다, 당신의 집에 사는 이들! 그들은 늘 당신을 찬양하리니. 행복합니다, 마음속으로 순례의 길을 생각할 때 당신께 힘을 얻는 사람들!"(시편 84,2-6).

이스라엘은 유다교가 아브라함과 이사악과 야곱 이래 고향으로 삼고 있는 곳입니다. 다윗이 도시를 세웠고, 솔로몬이 첫 성전을 세웠지요. 예루살렘에서 하느님은 세상과 만나십니다. 이토록 하느님 가까이 있는 이곳을 두고 유다인과 그리스도인과 이슬람교도가 지금까지도 싸우고 있지요. 하느님과 가까운 탓에, 계획에 반대하는 자들과 혼돈을 일으키는 자들과 악마들이 모여듭니다. 평화의 도시가 증오를 겪는 셈이지요. 첫눈에도 예루살렘은 교회 일치나 종교 간 대화의 도시가 아닌 분쟁의 도시입니다. 이곳은 온 세상 불화의 집결지 같지만, 희망도 공존합니다. 이곳에서 우리는 평화를 위해 일한다는 것이 얼마나 고통스런 과정인지 끊임없이 체험하고 있답니다.

예루살렘이 주는 메시지는 세상이나 현실에서 동떨어진 것이 아니라 매우 사실적인 것입니다. 여기서 다윗이 다른 남자의 아내를 빼앗았습니다. 다윗은 자기 아들에게 폐위되어 쫓기는 신세가 되었지요. 여기서 아브라함이 아들 이사악을 희생 제물로 바치러 산으로 데려갔습니다. 오늘날 그 자리에는 성전이 들어서 있어요. 하느님이 진정 원하신 것은 아이를 희생 제물로 바치는 것이 아니라, 우리의 헌신이라는 사실이 그 산에서 명백히 드러났습니다. 그것이 아이도 살리는 길이기도 하지요.

이곳에서 예언자들은 박해를 받았습니다. 예언자 예레미야가 구덩이에 갇혔지요. 예루살렘에서 예수님은 우리를 위해 당신 목숨을 바치셨고, 예루살렘을 가로지르는 '수난의 길'(Via Dolorosa)은 인류의 역사를 관통하여 현재까지 이어지고 있습니다.

예루살렘은 희생과 희망의 도시입니다. 하느님은 당신 아들의 희생으로 인간의 죄와 죽음을 물리치셨지요. 예루살렘의 메시지는 '빛이 어둠보다 강하다'는 사실입니다. 예루살렘에서는 성령의 힘이 온 세상으로 뻗어 나갑니다. 예수님은 올리브 산에서 기도하고 피땀 흘리심으로써 두려움과 고통 속에 있는 모든 이와 함께하고 계십니다. 오늘날까지도 올리브 산에서는 이슬람교도와 그리스도인들이 예수님이 승천하신 성지를 소중히 돌봅니다. 하느님께서 우리를 예수님과 함께 높이셨음을 우리는 다 같이 고백합니다. 인간은 더 높은 것을 추구하고, 온갖 굴욕에도 하늘을 바라보도록 부름 받았습니다. 예수님의 승천은 역사에 대한 심판이 위로부터 주어질 것임을 만인에게 선포합니다. 천상 예루살렘은 우리의 미래이며, 그 여정에서 만나는 모든 어려움을 희망의 빛으로 감싸 줍니다. 크고 작은 일들이 여기서 천상의 활력을 얻습니다. 예루살렘은 온갖 고난과 함께하는 믿음의 상징이지만, 그럼에도 희망이 더 강합니다.

    예루살렘은 내 고향입니다. '영원한 고향'에 들기 전에 잠시 머무는 곳이지요.

4장 하느님께 기대어

'예수회답다'는 건 어떤 건가요? 예수회는 엄격한가요? 진보적인가요? 똑똑한 사람만 받아 주나요? 경건한가요? 예수회원들의 공통점은 뭔가요? 예수회를 속속들이 알고 싶어요.

로베르트

◀◀◀ 추기경님은 독실한 부모님 슬하에서 신앙을 접하셨지요. 삶을 되돌아보건대 추기경님 영성의 핵심은 무엇이었나요?

어머니는 참으로 신심 깊은 분이었지만 겉으로 경건한 티를 내시지는 않으셨어요. 아버지는 어머니만큼 신심이 깊진 않았어도 책임감 있고 정직한 분이었지요.

부모님은 내 신앙의 뿌리이고, 생각이 다른 사람들을 존중하는 법을 가르쳐 주셨습니다. 타 종교와의 만남에서도 많은 것을 배웠으며, 무엇보다도 좋은 사람을 많이 알게 되었지요. 특정 종교나 외적 형태보다 내게 더 중요한 것은 우리가 하느님을 찾는다는 것과 진실하다는 것, 헌신할 준비가 되어 있다는 것입니다.

이냐시오는 '사랑을 얻기 위한 관상'에서 우리에게 기도 하나를 가르쳐 주었어요. 내가 매일 바치는 기도이자 가장 좋아하는 기도입니다. "받아 주소서, 주님. 저의 모든 자유와 저의 기억과 지성, 저의 모든 의지와 제가 가진 모든 것을 받아 주소서. 당신이 이것들을 제게 주셨습니다. 주님, 이 모두를 돌려 드립니다. 모두가 당신 것이오니 당신 뜻대로 처리하소서. 제게는 당신의 사랑과 은총을 주소서. 이것으로 저는 족하옵니다."

◀◀◀ 어떻게 예수회에 입회할 생각을 하게 되었나요?

아홉 살에 토리노에 있는 '예수회 학교'(Instituto Sociale)에 들어갔어요. 토리노는 내 고향입니다. 학교에서 만난 예수회 사람들은 대단히 정직했어요. 생각한 대로 말하고, 사랑을 실천하는 사람들이었지요. 그들은 청소년들을 위해 헌신했습니다. 물론 교회에 속한 사람이라고 모두 정직한 건 아니지만, 적어도 사랑하는 하느님의 판단에 자신을 맡길 수는 있지요. 나처럼 오랫동안 교회에서 일한 사람은 까다로운 사람들과도 알고 지내는 경우가 많아요. 여러 문제가 있었지만 수많은 형제들과 함께한 아름다운 시간이 내게는 더욱 소중합니다.

◂◂◂ 예수회가 추기경님을 사로잡은 이유는 무엇일까요?

부모님이 나를 예수회 학교에 보낸 이래 예수회를 떠난 적이 없습니다. 처음부터 좋은 선배와 스승을 만난 덕이었지요. 엄한 분도 많았지만 대부분 우리를 위해 애써 주셨습니다. 물론 그들에게도 단점은 있었지만 그들의 인격과 헌신이 어린 내게 매우 깊은 인상을 남겼어요.

예수회가 교육에 중점을 두는 점도 매력적이었습니다. 우리 학교에서는 오랫동안 모든 학생이 수준 높은 철학과 신학 교육을 받을 수 있는데, 다른 학문도 예외는 아니에요. 게다가 학업이 실무와 결합되어 있습니다. 젊은 이들과 함께하는 활동이 많고 요즘은 사회참여도 활발하지요. 로욜라의 이냐시오는 수도회를 창설하면서 아이들과 청소년들에 대한 봉사와 교육을 특히 중요시했습니다. 사회사업도 중시했어요. 그는 로마에 있는 매춘부들을 위해 '마르타의 집'을 세우고 고아들과 버려진 아이들을 위해 학교를 설립했어요. 이 일은 곤궁한 상황에서 시작되었어요. 물론 이냐시오는 자금을 모으고 정치적 영향력을 이용할 줄도 알았습니다. 이냐시오는 생전에 천 명이 넘는 젊은이들의 용기를 일깨워 예수회에 일생을 바치게 했지요. 무엇보다 이런 그가 나를 매혹시켰어요.

◀◀◀ 이냐시오의 카리스마는 오늘날 어떤 자취를 남겼습니까? 우리는 그것을 어떻게 활성화시킬 수 있지요?

이냐시오는 개개인에게 세심하게 관심을 기울였어요. 자금과 협력자가 부족한 상황에서도 용기를 내어 대업에 뛰어들었지요. 이것이 그가 남긴 자취가 아닐까 생각합니다. 이냐시오는 사람들과 그들이 겪는 어려움에 마음으로 함께했습니다. 그는 환시를 체험하고 하느님의 권능에 의지했지요. '모든 것이 여러분에게 달려 있듯이 헌신하고, 모든 것이 하느님께 달려 있듯이 기다리십시오.' 이러한 정신에서 그는 지치지 않는 힘을 얻었습니다.

교황들은 크고 중대한 사명을 우리 수도회에 계속 맡겼습니다. 예전에는 무신론과의 대결을 주문했고, 지금은 이슬람과의 대화를 기대하고 있지요. 지난 어느 예수회 총회에서는 '신앙과 정의'의 관계를 전면에 내세워 많은 사회운동을 창설했어요. 페드로 아루페Pedro Arrupe 총장은 '예수회 난민 봉사단'에 특별한 관심을 쏟았습니다.

그 어느 때보다 시급한 문제지요. 에이즈의 위험 속에서도 아프리카에 예수회가 진출해 있습니다.

게오르크 신부님이 거리의 아이들을 위해 활동하시는 일은 우리의 당면 과제에 정확히 부합합니다. 신부님은 철의 장막이 존재하던 시절 그 일을 시작하셨어요. 당시 유럽이 인식하지도 못하던 문제에 망설임 없이 뛰어드셨지요. 젊은이들의 대담한 투신도 놀라울 따름입니다.

유럽의 변화가 예수회에게는 기회입니다. 예수회는 모든 것을 걸고 과감히 나서야 해요. 용기를 내야 합니다. 그러지 않고는 이냐시오가 원하던 공동체라 할 수 없어요. 이냐시오는 "수도회가 박해받지 않는 상황이 오히려 걱정스러울 뿐"이라고 말한 적이 있습니다. 형제들이 무슨 뜻이냐고 묻자, 우리가 더 이상 충돌하지 않는다면 사명을 저버리는 것이라고 그는 답했습니다.

요즘은 이런 과감성이 부족한 듯합니다. 젊은이들이 예수회원으로 살겠다고 단호히 결단 내리지 못하는 것도 이런 데서 연유한 것이겠지요.

◀◀◀ 오늘날 예수회가 할 일은 무엇입니까?

사람들이 삶의 의미를 깨닫도록 도와주어야 합니다. 예수회원은 예수님의 벗이 되어 그분과 더불어 살고 그분과 함께 일하도록 초대받았습니다. 재물 대신 가난을 구하는 사람, 세상의 명예를 좇는 대신 비방과 경멸을 받아들이는 사람, 고난이 인간을 성숙하게 한다는 사실을 아는 사람이 가장 귀한 사람이 됩니다. 이런 사람은 자신의 가치와 능력을 자각하면서, 자신이 세상에 존재하는 이유를 깨닫고 기쁨을 느끼지요. 이러한 충만함과 미래에 대한 희망은 예수님이 주신 선물입니다.

"나 때문에 제 목숨을 잃는 사람은 목숨을 얻을 것이다"(마태 10,39). 우리는 이 말씀을 굳게 믿고 나아가고자 합니다.

◀◀◀ 예수회원은 영성 생활의 특별한 방법을 알고 있습니다. 이냐시오의 영신수련이지요. 이 방법은 결단하는 용기를 북돋아 줍니다. 영신수련이 평신도들에게도 도움이 될까요?

이냐시오는 예수회원뿐 아니라 모든 이를 위해 영신수련을 마련했어요. 그들이 하느님과 예수 그리스도와의 친교를 체득하는 길이자, 영을 식별하고 양심을 성찰하는 법을 배우는 길입니다. 건강하고 올바른 선택을 하기 위해 영신수련에는 따라야 할 규칙이 있는데, 이 규칙은 오늘날 새로운 현실성을 지닙니다.

이냐시오는 영신수련을 통해 그리스도인이 하느님과의 직접적 관계 속에서 독립적이고 판단력 있는 인간이 되는 길을 가르쳤습니다. 그래서 지금도 일생일대의 결단을 앞두고 영신수련을 하는 젊은이가 많습니다. 외압이나 일시적 흥미에 이끌려 인생의 다음 단계를 결정지어서는 안 되는 법이니까요. 그들은 자기 심연을 들여다보고 하느님과 대화하면서 인생의 중대 결단을 내리는 것이지요.

◀◀◀ 추기경님은 영신수련을 어떻게 하셨어요?

예수회 학교에 다닐 때 영신수련을 알게 되었고, 거기에 빠져 들었지요. 엄밀히 따지면 제대로 된 영신수련이 아니었어요. 나이가 어리고 공부를 해야 했으니 많이 할 기회가 없었고 기간도 아주 짧았지요. 보통 3일 동안 진행되는 게 고작이었어요. 매일 몇 시간 묵상하고 성경 두세 구절을 다루는 식이었습니다. 처음으로 온전히 깊고 의미 있게 참여한 영신수련은 예수회에 입회해 수련기 때 경험한 이른바 '영신수련 대피정'이었어요. 두 번째는 작년 오스트리아 라반트탈의 상트 안드레에서 있었던 4주간의 교육에서 경험했어요.

영신수련 대피정은 대침묵 시간입니다. 온전히 자기 자신을 위한 시간이지요. 수련자들은 공동 기도 때만 모이고 그 외에는 저마다 자신을 위해 혼자 지내면서, 일주일에 한 차례 수련장을 만나 개인 성찰을 했어요. 한 주간 각자 어떻게 수련했는지가 주된 관심사였지요.

영신수련은 네 주제로 이루어집니다. 한 주에 하나씩 다루는데 무조건 7일이어야 하는 것은 아닙니다. 주제에 따라 오래 걸리거나 짧게 끝날 수도 있습니다. 그것은 수련자의 영적 수준에 달려 있지요.

◀◀◀ 그 영신수련은 어떤 식으로 진행되었습니까?

미사로 하루를 시작하고, 영신수련 지도자가 그날의 프로그램을 소개합니다. 지도자는 한 시간 동안 성찰할 주제를 각자에게 제시하지요. 이러한 묵상은 기도로 이어지고, 영신수련의 길잡이가 됩니다. 수련을 준비하는 시간이 얼마나 필요한지는 성령의 이끄심과 각자에게 달렸습니다.

첫째 길잡이는 하느님을 마음속에 그리는 것입니다. 하느님을 바라보고, 그분과의 관계를 청합니다. 종교마다 하느님께 나아가기 위한 단순한 예법이 있는데, 우리는 성당에서 성수를 찍고 성호를 그으며 무릎을 꿇습니다. 그리고 기도할 자리를 찾아 침묵 속에서 하느님을 바라봅니다. 이 같은 수련은 삶의 태도가 되는데, 이냐시오는 『영신수련』의 첫머리 「원리와 기초」에서 이렇게 서술합니다. "사람이 창조된 것은 우리 주 하느님을 찬미하고, 경배하고, 봉사하기 위함이다." 쉽게 말하자면 인간은 고귀한 존재로 부름 받았으며, 일상과 세속의 근심을 넘어 더 멀리, 더 높이 보도록 허락되었다는 것이지요. 인간이 낙관주의자일 수 있는 이유가 여기에 있습니다.

둘째 길잡이에서는 영신수련 지도자가 제시한 성찰 주제를 상기합니다. 제1주간에 이 주제는 삶과 직접 연관되어 있습니다. 이냐시오는 수련자가 죄에 대해 깊이 숙고하기를 요구합니다. 이것은 압박이 아니라 위대한 해방입니다. 자신의 약점이나 실패나 개인사를 살피기도 하지요. 내가 지금 이렇게 잘 지내는 데는 어떤 행운이 있었는지 깨닫습니다. 내가 얼마나 많은 선물을 받았으며, 얼마나 많은 동행을 체험했는지 눈뜨는 것이 죄를 성찰하는 목적입니다. 이로써 내 시야가 넓어지고 더는 자신의 약점에 집착하지 않게 됩니다.

제2주간에는 복음 속 이야기를 저마다 하나씩 성찰합니다. 영신수련 지도자는 묵상에 대해 설명하고 준비시킵니다. 이 주간에는 개인적으로 결단이 필요한 문제를 면밀히 살핍니다. 나는 예수님께 나를 당신의 후계자로 불러 주시길 청합니다. 상상을 통해 성경의 장면을 마음속에 펼칩니다. 성경 묵상의 목표는 예수님을 더욱 용감하고 신실하게 따르기 위함입니다.

제2주간에는 '영의 식별 규칙'도 배우고 익힙니다. 이냐시오는 미래를 위한 건강하고 의미 있는 선택을 돕고자 그 규칙을 마련했습니다.

제1주간과 제2주간에 나 자신을 인식한 것처럼 제3주간과 제4주간에는 예수님 앞에 나아가 그분의 고난과 부활을 성찰합니다. 주님과 함께 고난을 나누고, 기쁨과 낙천적 태도를 그분에게서 받아들입니다.

첫째 길잡이는 하느님 앞에 나아감이었고, 둘째는 자신과 예수님의 삶에 대한 성찰이었습니다. 셋째는 원의를 단순한 기도로 간청하는 것이며, 제2주간부터 이 기도를 바칩니다. "주님이신 당신을 더 잘 인식하고, 더 많이 사랑하고, 더 충실히 따르게 하소서."

수련의 본질은 바라보고, 성찰하고, 묵상하고, 머무르는 데 있습니다. 나는 스스로를 움직이는 의문과 희망을 품고 하느님과 예수 그리스도 앞에 나아가야 하고, 그렇게 하도록 허락되었습니다. 주님과의 관계 속에서 희망을 펼쳐 나가야 합니다.

수련 말미에 이냐시오는 예수님이나 하늘에 계신 아버지와 개인적으로 대화를 구하고, 기도로 마무리할 것을 권고합니다. 「주님의 기도」, 「성모송」, 「그리스도의 영혼은」(Anima Christi)으로 마무리합니다.

> 그리스도의 영혼이여, 나를 거룩하게 하소서.
> 그리스도의 몸이여, 나를 구하소서.
> 그리스도의 피여, 나를 취하게 하소서.
> 그리스도의 옆구리에서 흘러나온 물이여,
> 나를 씻으소서.
> 그리스도의 수난이여, 나를 강하게 하소서.
> 오, 선하신 예수여, 내 기도를 들어주소서.
> 당신의 상처 속에 나를 숨기소서.
> 절대로 당신을 떠나지 않게 하소서.
> 악한 원수에게서 나를 보호하소서.
> 내가 죽을 때에 나를 부르소서.

> 당신께 오라 내게 명하시어
> 성인들과 함께 당신을 찬미하게 하소서.
> 당신의 나라에서 영원히.

보통 예수회원은 매년 8일간 영신수련을 하고, 다른 사람들에게 영신수련을 지도하는 법도 배웁니다. 앞서 말한 것처럼 영신수련은 예수회원뿐 아니라 누구에게나 영적 삶을 정립하고, 자신만의 기도법을 발견하고, 결단력을 키우는 데 도움이 됩니다.

영신수련을 하는 사람은 예수님과 내밀한 친교를 맺게 됩니다. 삶을 하느님 앞에서 깊이 성찰하는 법을 배움으로써 기도와 침묵과 성경에서 기쁨을 발견하게 됩니다.

영신수련은 영적 생활을 돕는 수준 높은 방법이기에 정확히 알아야 합니다. 영신수련에서 비롯된 또 다른 과제이자 기술인 영적 동반도 널리 보급되어 있습니다. 영신수련을 경험한 사람들은 이후 자신의 상태와 성장에 대해 정기적으로 대화할 영적 동반자를 찾게 됩니다.

◀◀◀ 영적 동반이란 무엇이며 어디서 이런 도움을 받을 수 있나요?

영적 동반자는 항상 한 주 동안 어떻게 지냈는지부터 물어봅니다. 주초에 세웠던 계획과 결심을 비롯해 그와 관련하여 한 주 동안 일어난 일에 대해 대답하면, 무엇을 배우고 무엇을 관찰했는지 또 묻습니다. 이렇게 다음 단계를 위한 새로운 계획을 짭니다. 주로 일상에서 일어나는 사소한 일을 다루지요. 기도 생활, 직장·가정·공동체 생활, 나를 괴롭히는 일이나 마음 쓰이는 일까지 어떤 주제도 배제하지 않습니다.

내 경우는 이러한 영적 동반에서 가장 깊은 인간관계가 시작되었어요. 내 고해신부였던 선배 사제들과 다른 동반자들이 그랬습니다. 우정과 상호 간의 '자기 증여'가 싹튼 것이지요. 이런 관계는 교회가 젊은이들을 끌어들여 예수님의 진정한 사도로 만들 수 있는 커다란 기회라 생각됩니다.

기존 영신수련을 약간 변형시켜 청소년을 위한 프로그램을 마련했습니다. 용기와 확신을 얻고 예수 그리스도 앞에 나아가 마음을 열고 질문할 수 있도록 가르치려는 시도지요. "당신은 나를 어디에 쓰시렵니까?" "어디로 보내시렵니까?" 하고 묻는 겁니다. 나는 젊은 예수회원들과 사제들이 이 소중한 방법을 활용하여 젊은이의 동반자가 되는 법을 익히길 바랍니다. 오늘날 평신도, 특히 여성이 이 역할을 하고 있다는 사실이 기쁘기도 합니다.

교회에는 사람들을 하느님과의 관계로 이끄는 전문가나 동반자가 절실히 필요합니다. 사람들에게 용기와 관용을 불어넣어 그들이 하느님 사업과 인류 봉사에 헌신하도록 이끄는 사람이 필요합니다. 그러기 위해서는 먼저 그들의 재능을 발견해야겠지요.

◀◀◀ 재계와 학계에서 통용되는 '슈퍼비전' 비슷한 거네요.

대인 관계에 전문적 도움을 주는 슈퍼비전 활동이 확산되는 것은 반가운 일이자 많은 사람에게 유익한 일입니다. 주제넘게 들릴지 모르지만 라삐·사막교부·고해신부에서 시작된 영적 스승들, 특히 우리 예수회원들이 슈퍼비전의 원형을 만들어 냈다는 사실은 인정받아 마땅합니다. 그 원형을 현대 슈퍼비전이 모방해 널리 퍼뜨렸지요. 결단의 순간, 큰 부담이나 도전에 직면한 순간에는 누구나 영적 동반자를 필요로 합니다. 영적 동반자는 나와 함께하며 질문을 던지고 지지해 주는 사람입니다. 이때 영적 동반자는 결코 나와 예수님 사이를 가로막지 않고 오히려 대화를 돕는 역할을 합니다. 복음을 따라 사는 벗이라 할 수 있겠군요. 지금 서유럽 교회가 청소년에게 가까이 다가가 그들을 끌어당기려면, 반드시 영적 동반자를 많이 양성해 투입해야 합니다. 이렇게 노력하면서 모범을 보이고 우리 스스로 영신수련에 임한다면 틀림없이 효과가 있을 겁니다. 나는 지극히 감사하는 마음으로 영신수련과 영적 동반으로 맺어진 사람들과 만나곤 합니다.

◀◀◀ 영신수련과 영적 동반은 엘리트를 위한 것인가요? 아니면 '평범한 그리스도인'도 할 수 있나요?

애당초 이냐시오는 소수만을 위하여 영신수련을 만들었습니다. 여기서 '소수'는 자신을 온전히 하느님께 맡기는 사람들을 뜻하지요. 대다수 사람들에게는 삶을 되돌아보고 죄를 성찰하여 새로운 길을 찾는 제1주간의 수련으로 족합니다. 그런데 여기서부터 갈수록 맛 들이게 되는 '일상 속의 영신수련'이 시작됩니다. 이 수련은 사람들이 영성을 이해하는 능력을 기르는 기회가 됩니다. 참가자들은 한 주에 한 번씩 지도자나 동반자와 만나 대화하며, 다음 주 성찰에 대해 설명을 듣습니다.

영신수련은 보통 사람들을 결코 배제하지 않습니다. 고상하고 지적인 척하지도 않습니다. 영신수련은 삶에 대한 애정을 지켜 주는 실용적이고 단순한 훈련입니다. 가정생활과 비슷해요. 오래 산 부부는 거창한 고백보다 애정 어린 일상의 구체적 표현으로 사랑의 활기를 유지하지요. 어떻게 아침 식사를 하고, 어떻게 집을 꾸미시나요? 서로를 위해 얼마나 시간을 내고 노력하시나요? 어떻게 만나고 헤어지시나요? 예수님을 향한 사랑과 하느님과의 친교도 일상에서 생기를 얻습니다. 나는 성수聖水 없는 삶을 상상할 수 없어요. 모든 그리스도인의 삶에는 하느님께서 자리하고 계십니다. 어려운 것도 아니고 긴 시간이 필요한 것도 아닙니다. 영성 생활을 지탱해 주고 심연에서 솟아오른 샘물을 우리 마음속에 흐르게 하는 훈련이 바로 여기 있습니다.

5장 사랑 배우기

남자 친구와 사귄 지 벌써 2년이 넘었어요. 참 괜찮은 사람이에요. 물론 싸우기도 하지만 서로를 잘 이해하지요. 그래도 가끔은 '나랑 더 잘 맞는 사람이 있지 않을까' 하는 생각이 들 때도 있어요. 우리가 행복할 수 있을까요? 이 사람이 내 인생의 짝인지 어떻게 알 수 있나요?

안드레아

◀◀◀ 흔히 교회는 육체를 가벼이 여기고 현실을 외면하는 경향이 있다고들 합니다. 회칙 「인간 생명」*Humanae Vitae*만 해도 그래요. 이 회칙은 피임약 사용을 비롯한 일체의 인위적 피임을 공식적으로 금했지요. 에이즈 확산과 현대 의학이 공존하는 세상에 금령이 언제까지 지켜질 수 있겠는지요? 어찌 되었건 교회는 이 회칙으로 젊은이들과는 담을 쌓은 셈입니다.

수년 전부터 듣고 있는 비판입니다. 교회와 담판을 지을 작정까지 할 만큼 학계와 정계에서도 교회에 심각한 이의를 제기하고 있지요. 요즘 교회를 진지한 대화 상대나 스승으로 여기지 않는 사람이 많은 것도, 슬프지만 더러는 그 회칙 탓일 겁니다. 어느 젊은이가 가족계획이나 성 문제를 '바티칸'에 물으려 하겠습니까! 회칙 「인간 생명」이 부정적 영향을 미치기도 했다는 점을 인정할 수밖에 없어서 유감입니다. 많은 사람이 교회를 떠났고, 교회도 사람들에게서 멀어졌습니다. 큰 손실이지요.

인격적·육체적 관계는 인생의 본질적 영역입니다. 특히 청소년들이 올바른 가치관을 정립해야 할 영역이지요. 그들은 사춘기부터 이 문제로 숱한 갈등을 겪습니다. 성·결혼·독신 등은 실로 중요한 문제인데, 답을 구하는 이들에게서 교회가 그토록 멀리 떨어져 있다는 건 분명 비극입니다. 회칙 「인간 생명」은 교황 바오로 6세가 반포했어요. 나는 그를 잘 알고 높이 평가합니다. 교황 바오로 6세와 바티칸 성직자들에게 피정을 지도할 기회가 있었어요. 교황이 1978년에 선종했으니 그로서는 마지막 피정이었을 겁니다. 교황 바오로 6세는 경청할 줄 알았고, 사람들을 사려 깊게 대했습니다. 그 회칙으로 인간의 삶을 신중히 살피고자 했지요. 그는 지인들에게 자신의 관심사를 말에 빗대어 이렇게 설명했습니다. "거짓말을 해서는 안 되지만 가끔은 피치 못할 경우도 있습니다." 진실을 숨겨야 하거나, 선의의 거짓말을 막을 수 없을지도 모릅니다. 도덕주의자들은 죄가 어디서 시작되는지, 특히 생명을 전달하고 보존하는 것보다 더 큰 의무가 어디에 있는지 밝혀야 할 것입니다.

교황 바오로 6세가 이른바 '피임약 회칙'으로 여론의 뭇매를 맞은 건 가슴 아픈 일입니다. 그는 선임 교황 요한 23세의 공의회를 넘겨받아 신중히 이어 나간 교황이었습니다. 그가 균형을 유지한 덕에 다수의 지지를 받으며 교회의 개방이 이루어질 수 있었습니다. 성경에 대한 그의 지대한 관심 또한 간과할 수 없지요. 「인간 생명」은 성의 다양한 인간적 측면을 올바로 제시했습니다. 오늘날 우리는 성에 대해 더욱 넓은 시야를 지니게 되었습니다. 고해 신부와 젊은이들의 욕구에도 더 많은 관심을 기울이고 그들을 존중해야 합니다. 그들에게는 육체, 결혼, 가족이란 주제에 접근할 기본 원칙과 해명을 요구할 권리가 있고, 우리는 결혼, 산아제한, 인공수정, 피임에 관해 신뢰할 만한 방식으로 논의할 방도를 모색하고 있습니다.

나는 젊은이들과 고해신부들이 이 중차대한 삶의 문제에 대해 근심하고 두려워한다는 말을 많이 들었습니다. 그들과 대화하면서 애정 표현과 성에 거리낌 없는 오늘날의 경향도 확인했습니다. 이러한 경향은 틀림없이 그리스도교와 공존하는 방향으로 흘러갈 겁니다.

◀◀◀ 교회는 청소년들을 위한 길과 청소년들에게 다가가는 길을 어떻게 새로운 언어로 제시할 수 있을까요?

1964년에 이미 의학·생물학·사회학·심리학·신학 전문가들로 위원회가 구성되었습니다. 위원회는 교황 바오로 6세에게 회칙 「인간 생명」에서 다룰 주제에 대해 포괄적 소견을 제시했지만, 교황은 고독한 의무감과 개인적 신념으로 이 회칙을 발표했습니다. 교황은 이 회칙을 1968년에 발표함으로써 의도적으로 공의회에서 그 주제를 논의하지 못하게 했습니다. 철저히 개인적으로 그 부분을 책임지고자 했던 것이지요. 긴 안목에서 볼 때 이런 고독한 결단은 성과 가족이라는 주제를 다루기에 유리한 조건은 아니었어요. 영향력 있는 후임자, 교황 요한 바오로 2세가 회칙을 계승하여 엄격히 적용했습니다. 요한 바오로 2세는 사람들의 반감을 불식시키고자 했는데, 심지어 교황의 무류권을 동원할 생각까지 했다고 하지요.

회칙 「인간 생명」에 대해 오스트리아와 독일을 비롯하여 여러 나라 주교들이 우려를 표명했습니다. 그들의 견해는 오늘 우리가 발전시킬 수 있습니다. 이스라엘이 광야를 떠돌던 40년 세월의 간극이 우리에게 새로운 시각을 가져다줄 겁니다.

◀◀◀ 이러한 새로운 시각에 대해 추기경님은 어떤 견해를 가지고 계십니까? 새로운 답들은 과연 설득력이 있을까요?

복음서를 펼쳐 예수님의 음성을 들어 보세요. 예수님은 헌신을 부르짖으셨습니다. 헌신하는 이는 생명을 얻습니다. 사람들을 일으켜 세우기 위해 헌신해야 할 분야는 어디일까요? 이것이 친교의 핵심이지요. 성의 영역에서도 마찬가지입니다. 포기를 요구하려면 사랑과 헌신의 결과임을 입증해야 합니다. 그 목표가 얼마나 매력적인지 보여 주지 않은 채 포기를 요구할 수는 없습니다. 포기가 값질 수 있다면 오직 사랑을 위해서입니다.

회칙 「인간 생명」이 성취된다면 분명 교회는 더 나은 길을 제시할 것이고 신뢰와 권위를 되찾게 될 겁니다. 교황 요한 바오로 2세가 교회와 유다교의 관계, 교회와 학문과의 관계에 어떻게 새로운 활력을 불어넣었습니까? 씻을 수 없는 죄를 고백했기 때문이지요. 갈릴레이와 다윈에 대한 부당한 판결이 내려진 지 수백 년이 지났지만, 교황 요한 바오로 2세의 참회는 오늘날 큰 반향을 일으켰습니다. 생명과 사랑이라는 주제에 관한 한 잠시도 지체해서는 안 됩니다. 누군가 자신의 실수와 편협했던 과거의 시각을 인정할 수 있다면, 그것은 위대함과 자의식의 표징입니다.

◀◀◀ 설사 교황이 사과를 표명하고 회칙 「인간 생명」을 철회한다고 해도 오늘날 교회가 성에 대해 긍정적으로 말해 주길 바라는 마음은 전혀 수그러들지 않을 것입니다.

분명 교황은 회칙을 철회하지 않을 겁니다. 새로운 회칙을 만들 수는 있겠지요. 교회가 성에 대해 긍정적으로 말해 주기를 바라는 소망은 정당합니다. 그동안 교회는 여섯 번째 계명에 대해 너무 많은 이야기를 한 것 같아요. 가끔은 침묵이 금이지요.

사랑은 사람의 마음을 직접 움직이기에, 답을 구하고 길을 찾는 과정에서 배제될 수 없습니다. 성경에 나오는 일화를 볼까요? 율법 학자들이 간음한 여자를 예수님 앞에 끌고 와 그 여자를 돌로 쳐 죽여야 할지 말지 묻습니다. 예수님은 대답하지 않으시고 오히려 율법 학자들을 나무라십니다. 그들은 여자를 물건으로만 취급할 뿐 그 여자의 말에는 귀 기울이지 않습니다. 게다가 또 다른 당사자인 남자는 아예 그 자리에 있지도 않았지요. 어떤 경우라도 교회는 사랑의 당사자가 근본적이고 결정적으로 책임을 다하도록 성 문제와 가족 문제를 다루어야 합니다. 교회가 언급하는 모든 것을, 사랑에 신중하고 성숙한 그리스도인들이 지탱해야 합니다. 유엔 보고서에 따르면

전 세계 에이즈 환자가 4천만 명이고, 그들 대부분이 아프리카에 있습니다. 2006년도 보고서에 따르면 한 해 동안 3백만 명이 에이즈로 사망했습니다. 에이즈 문제는 의학뿐 아니라 정치와 개발 협력 문제와도 관련됩니다. 교회가 모든 관계자를 대화 석상에 앉혀 문제를 다룰 수 있다면 분명 긍정적 결과를 이끌어 낼 겁니다.

바티칸에서 콘돔 사용이 논의된 적이 있습니다. 누구보다도 교황이 에이즈를 크게 걱정했기 때문이지요. 콘돔이 에이즈 환자 부부에게 '불행의 최소화 방편'으로 허용될지라도, 그것으로 충분하지는 않겠지요. 이런 입장을 표명하는 바람에 나는 논쟁에 휘말렸습니다. 한 브라질 사제는 내가 '카르데알 다 카미시냐Cardeal da camisinha가 되었다고 웃으며 알려 주더군요. '콘돔 주교'라는 뜻이지요. 이따금 나는 정말 그런 인물이라는 의심을 사곤 했는데, 특히 몇몇 신문들이 나를 수상히 여기더군요.

◀◀◀ 성에 대한 추기경님의 지극히 개인적인 견해는 무엇입니까? 신학자로서 방향을 제시해 주실 수 있을까요?

내게 근본적으로 중요한 것은 헌신이 사랑의 열쇠라는 사실입니다. 인간은 자신을 넘어서도록 부름 받았습니다. 이것은 인간이 타인을 위해 존재하고, 타인에게 의지한다는 뜻이지요. 헌신은 초월을 의미하기도 합니다. 우리는 한 차원에서 더 높은 차원으로 올라갈 수 있습니다.

부부의 사랑에는 동물적 본능과 종족 보존 욕구에서 비롯된 역동성이 내재합니다. 하지만 그 사랑에는 목표가 있습니다. 초월은 우정과 협력, 약자 보호, 양육을 넘어 하느님의 왕국으로 가는 길입니다. 우리는 헌신을 통해 하느님께 마음을 열고, 육체적 만남에서 하느님 왕국이라는 목표를 향해 성장합니다. 목표를 바라보는 것은 그 자체로 중요하지요. 성에는 무엇으로도 채울 수 없는 역동성이 있습니다. 제자리에 안주하기만 한다면 자신을 파괴하고 관계를 깨뜨리게 될 겁니다. '만남 안의 초월'과 '육체적이고 영적인 사랑'의 성장이 바오로가 뜻한 바입니다. "몸은 불륜이 아니라 주님을 위하여 있습니다"(1코린 6,13).

◀◀◀ 요즘 젊은이들의 성생활을 어떻게 보세요? 교회가 그들과 어떻게 대화할 수 있을까요? 교회는 어디에 가치를 두고 어떤 발언을 할 수 있을까요?

나 어릴 적과 비교하면 완전히 다른 세상입니다. 적어도 더 솔직하고 개방적이지요. 예전에는 성이라는 주제를 들먹일 엄두조차 내지 못했어요. 성이 고해소나 죄의 영역으로 쫓겨난 겁니다. 거기서도 진지하게 다루어진 것이 아니라 죄와 골칫거리로서 부차적으로 다루어졌습니다. 그런데 요즘은 숨김없이 드러냅니다. 나는 부모와 자녀, 신·구세대가 서로 돕는 모습에서 인간적이고 건강한 성의 가능성을 보았습니다.

아이에 대한 책임 의식이 그 시작입니다. 요즘 젊은 이들은 자신이 한 생명을 세상에 내놓는 일을 책임질 수 있을지 숙고하고, 신뢰할 만한 사람과 의논합니다. 미혼 남녀도 육체관계를 가진다는 것쯤은 주교와 신부들도 다 압니다. 가정을 지키고 부부간의 신의를 권하고자 한다면 교회가 생각을 바꿔야 합니다. 시대착오적 사고와 일방적 금지는 이제 무의미해요. 젊은 남녀가 여행길에 한방을 쓴다는 걸 더는 숨기거나 문제 삼지 않습니다. 그 점에 대해 내가 뭘 더 말해야 되나요? 어려운 일입니다. 이제는 사람들이 '서로에게 새롭게 관심을 기울이고', '서로를 배우고', '세대 간에 긴밀히 협력'하는 듯합니다. 내가 느끼는 이 모든 것을 전부 이해할 수 있는 건 아니지만, 이런 경향은 나이 든 이나 젊은이 모두를 행복하게 하고, 누구도 사랑과 고독이라는 문제로 홀로 씨름하게 하지 않습니다. 나는 이러한 발전에 호의적인 태도로 묻고, 기도하고, 동참하고 싶습니다.

이제는 뻔한 대답을 할 때가 아니라고 생각합니다. 언제나 나는 사목과 심리학의 기본 원칙을 염두에 두는데, 그 원칙은 이전부터 관심을 가지고 지켜보고, 숙고해 본 적이 있을 때야 비로소 적절한 응답을 해 줄 수 있습니다. 특히 성이나 육체 같은, 지극히 인간적인 문제를 다룰 때는 어떤 비법이 아니라 사람들이 스스로 발견하여 지속하는 방법이 중요합니다. 한 유명한 의사는 많은 사람이 이런 부분에서 '악의 없는 무지'를 지녔다고 말하더군요. 어린이와 청소년에게 이상적인 것만을 요구할 수는 없습니다. 그들은 차차 자신만의 방법을 발견하게 될 겁니다. 그 방법은 하늘에서 떨어지거나, 책상머리에서 배우거나, 강단에서 가르칠 수 있는 것이 아니에요. 그들의 이야기에 귀 기울이고, 그들과 대화하고, 그들을 신뢰할 때 교회 지도자들은 자신의 책임을 다하는 것이지요. 그리스도인 각자가 판단력을 기르도록 돕는 게 제일 중요합니다.

결국 교회는 성경을 증거로 삼아야 합니다. 성경은 성에 대해 눈에 띄게 엄격합니다. 간음에 대해서 분명한 선을 긋고, 외도를 금하지요. 여성에게 폭력을 가하는 것도 성경은 있을 수 없는 일이라고 분명히 못 박습니다. 예수님은 아이들과 보호가 필요한 이들을 중심에 세웁니다. 한 사회가 얼마나 인간적인지는 이들을 대하는 태도에서 드러나지요. 이렇게 성경이 가르치는 분명한 선 말고도 우리에게는 책임 의식과 영의 식별 능력이 있습니다.

간과하지 말아야 할 점은, 그럼에도 교회에서 성을 이해하려는 긍정적인 변화가 일어났다는 사실입니다. 이전에는 성을 매우 편협하게 인식해, 자녀 출산에만 전적으로 초점을 맞추었습니다. 윤리신학자들은 성의 '주된 목적'(finis primarius)을 이야기했지요. 그때 제2차 바티칸 공의회가 드넓은 지평을 열어 파트너십과 배우자 간 사랑의 동일한 가치를 인정한 것입니다.

◀◀◀ 이런 관용이 '교회와 동성애'라는 주제에도 유효할까요?

성 문제를 다룰 때 교회는 신중해야 합니다. 이 질문에 답하는 내게도 그러한 태도가 필요하고요. 나 역시 몇몇 동성애 커플을 알고 있습니다. 사회적으로 존경받는 사람들이지요. 나는 그들을 비난하는 소리를 들어 본 적도 없고, 비난할 생각도 없어요. 문제는 우리가 이 주제를 어떻게 다루는가입니다. 나는 보편적 명제를 내세우기보다 누군가를 개인적으로 접하면서 길을 발견하곤 하지요. 성경은 동성애를 강력히 반대합니다. 그 배경에는 남자들이 가족 이외에 미동美童이나 남자 애인을 두었던 고대의 악습이 존재합니다. 알렉산더 대왕이 잘 알려진 예입니다. 그에 반해 성경은 가정과 여성을 보호하고, 아이들을 위한 보금자리를 중시하지요. 정교회에서는 동성애를 혐오합니다. 개신교는 한결 자유로운데, 동성애자라고 공식적으로 '커밍아웃'하지 않는 한 목사직을 수행할 수 있습니다. 성공회는 이러한 문제로 큰 시련을 겪고 있습니다. 유다교 정통파는 동성애를 엄격히 금한 반면, 개혁파에는 동성애자를 위한 회당도 있습니다.

이렇게 다양한 상황 속에서 우리는 길을 찾고 있습니다. 가정이라는 울타리와 이성애 부부의 아이들을 위한 건강한 보금자리는 성경의 깊은 관심사입니다. 따라서 나는 이 문제에서 근본적 평등보다는 가치의 우위를 지향합니다. 이야기가 너무 앞서 갔나요? 서로 더불어 신중히 각자의 길을 걸어가시기 바랍니다. 길이 다르다고 싸우지 마시고요. 내가 말하고 싶은 것은 성경이 그어 놓은 울타리입니다.

그동안 우리 교회가 동성애에 무심했다는 점을 자책해야 합니다. 성 정체성을 고민하던 한 소년이 떠오르는군요. 소년은 엄청난 고민 속에서도 수치심 때문에 누구와도 의논할 수 없었습니다. 동성애 성향을 고백하면 소외될 거라고 느꼈으니까요. 우리의 무심함 때문에 아파해야 했던 소년은 우울증으로 정신과를 찾고 나서야 비로소 관심과 격려를 받을 수 있었습니다.

◀◀◀ 여기서 교회는 무엇을 배워야 합니까?

새로운 성 문화와 인간관계를 연구해야 합니다. 고질적 문제를 해결하기 위해서라도 그렇게 해야 합니다. 서구에서는 두세 쌍 가운데 한 쌍이 이혼하는 실정이고, 이에 따른 고통은 헤아릴 수 없을 지경입니다. 개인에게 죄를 묻는 대신, 우리는 새로운 문화를 발전시키고 애정과 신의를 북돋워야 합니다. 이런 세상이라야 아이들이 아이답고 행복하게 자랄 수 있습니다.

성 상품화에 대한 비판도 새로운 문화에 속합니다. 광고에서부터 포르노까지 성 상품화가 우리 안방을 파고들었습니다. 사랑의 신비가 위협받고, 인간관계에서 끈끈한 정이 사라져 갑니다. 예전에는 다른 사람의 몸이나 자기 몸을 대할 때 경외심을 품었습니다. 나는 수련기 때, 서로를 대하면서 언행을 삼가는 기본 덕목으로 경외심을 배웠습니다. 경외심이라는 말이 고루하게 들릴지 모르겠지만 오늘날에도 새롭고 비판적인 시사성을 띠고 있습니다. 경외심은 성과 관계된 동시에 인간의 품위와도 직접 관계되는 말이에요. 여기서부터 성찰이 시작되어야 한다는 말을 덧붙이고 싶군요.

◂◂◂ 독신제가 사제의 탈선과 지난 몇 년간 수차례 폭로된 아동 성폭력의 원인으로 지적되고 있습니다.

이것도 성과 관련된 문제이긴 합니다만, 반드시 분리해서 생각해야 하는 주제입니다. 아동 성폭력은 정말 끔찍한 일입니다. 사제가 연루되었다면 더욱 끔찍한 일이지요. 아이들을 가르치고 보호해야 하는 사람이 성폭력을 저지른 겁니다. 이런 사람들은 양의 탈을 쓴 늑대이자 환자예요. 가슴 아픈 일이지만, 교회는 이런 일이 재발하지 않도록 더욱 진솔한 태도로 임해야 합니다.

독신제는 다른 문제예요. 이것은 꼭 필요한 삶의 형태입니다. 깊은 신심과 수준 높은 공동체 의식, 강인한 인격을 전제로 하지요. 무엇보다 우선 독신으로 살도록 부름 받아야 합니다. 사제로 부름 받은 사람 모두가 이러한 은혜를 얻지는 못한 듯합니다. 우리 교회는 해결책을 궁리해야 합니다. 이즈음 사제 하나가 담당하는 본당 수는 점점 늘어나고 있고, 교구는 외국에서 사제를 모셔 오기도 합니다. 이것은 장기적 해결책이 될 수 없어요. '경험이 풍부하고 신앙심과 대인 관계와 인성이 검증된 기혼 남성'(viri probati)의 서품을 조심스레 논의해 볼 수도 있습니다.

눈에 띄는 점은, 특히 젊은이들이 자신과 무관한 일임에도 독신제에 관심을 가진다는 것입니다. 이것은 독신제에 어떤 상징적 힘이 있으며, 진실하게 지켜지지 않는다면 그 실망이 얼마나 클지 보여 주는 것이지요. 선교의 신뢰성이 걸린 문제이기도 하고요. 수도자는 사제직과 상관없이 독신 서약을 하는데, 이것은 강요된 독신이 아닙니다. 이러한 형식은 복음의 징표로서 존속할 것이고, 성이 범람할수록 정신에 대한 갈망도 더 커 가는 세상에서 무엇보다 값진 것입니다. 독신제라는 울타리는 내게 용기를 북돋워 주어, 형제들을 위해 기도하게 하고, 젊은이들에게 과감히 다가갈 수 있게 합니다.

6장 열린 교회를 위하여

 교황이 이슬람교도를 비난하고 개신교인을 비판하는가 하면 요즘 들어 라틴어 미사가 다시 집전되고 있어요. 죄다 이런 쪽으로 흘러가고 있으니 저는 너무 답답해요. 아마 하느님도 답답하실 거예요.

르네

교회가 여성에게 적대적이니 사람들이 떠나는 건 당연해요. "형제의 식사에 초대받아 …"라고 노래할 때 자매는 어디에 있나요? 제대건 바티칸이건 온통 남자들뿐이에요. 남자들이 성경을 자기네한테 유리하게 이용하는 거 아닌가요? 성경에서 여성들은 아예 뒷전입니다. 얌전한 하녀들만 거룩할 뿐이지요.

에벨리나

◀◀◀ 제2차 바티칸 공의회가 세상을 향한 교회의 개방을 선포했는데, 지금은 그 문이 다시 닫힌 듯합니다. 교회의 기성세대와 지도자들은 대부분 밖으로 걸음을 내딛기보다는 안을 추스르는 데 더 힘을 쏟고 있어요.

공의회로부터 거리를 두는 경향이 분명 있습니다. 더는 공의회 당시나 직후만큼 용감하거나 활기찬 모습이 아니지요. 공의회 초기의 귀한 유산들을 잃어버리고 교회는 쇠약해졌습니다. 공의회 이후의 후속 논쟁에 많은 에너지가 들었지만, 그래도 치열한 토론은 필요했습니다. 당시 논쟁의 중심에는 칼 라너Karl Rahner, 테야르 드 샤르댕, 앙리 드 뤼박Henri de Lubac 같은 신학자들이 있었어요. 그들은 공의회를 신학적으로 완성해 나갔고, 나중에는 저술과 강연으로 작업을 이어 갔습니다. 그들은 문젯거리와 씨름하면서 신新스콜라철학으로부터 무언가를 끄집어내려 했습니다. 오늘날 많은 이가 사제직을 떠나고, 교회를 찾는 신자가 점점 줄어들고, 무분별한 자유가 교회와 사회에 만연한 모습을 보면서, 나는 그들의 고민을 이해하게 되었습니다. 유독 주교들이나 보수 교육자들만 이러한 분열의 징후를 거부하면서, 지난 호시절로 돌아가고 싶어 하는 것도 납득이 갑니다. 그러나 우리는 앞을 내다봐야 합니다. 모든 개혁에는 희생이 따르고 선을 넘는 것을 피할 수 없을지라도, 나는 제2차 바티칸 공의회의 장기적 가망과 긍정적 작용을 믿습니다. 공의회는 용기 있게 시대의 물음에 응답하고자 했으며, 현대 세계의 적나라한 현실과 대화했습니다. 두려워하며 회피하지 않았어요. 공의회는 무엇보다 교회와 동일한 목표를 추구하는 이들, 즉 사람을 돕고 하느님을 구하고 흠숭하는 수많은 참일꾼들을 인정했습니다. 타 종교와 그리스도교의 다양한 종파들이 추구하는 바가 서로 다르지 않습니다. 길을 찾는 이에게 방향을 제시하고, 상처받은 이를 치유하고, 정의에 투신하고, 어린이와 청소년에게 좋은 교육과 인간다운 미래를 누릴 수 있는 여건을 마련하는 것이지요. 저마다 한 분이신 하느님에 대한 믿음을 널리 전함으로써 사람들에게 의연함과 자의식을 심어 주고자 합니다. 하느님께서 자신을 창조하시고 부르시고 이끄신다는 것, 이것은 모든 인간의 관심사입니다. 신자든 비신자든 세상 모든 이가 이를 마음속에 품고 있습니다.

대주교 시절에 나는 밀라노에서 '비신자들을 위한 포럼'이란 강좌를 개설했습니다. 그들이 세상의 구원을 위해 어떻게 기여하고 있으며, 사람들에게 하고 싶은 말은 무엇인지 듣기 위해서였지요. 비신자의 기도에 대해 어느 유명한 정신분석가가 한 말이 잊혀지지 않아요. 나는 길을 찾는 사람들을 만나기를 원했고, 그들이 바로 그런 사람들이었습니다. 나는 비신자들에게, "당신은 윤리적 행위의 근거를 어디서 찾지요?"라고 물어보았습니다. 한 저명한 언론인은 이렇게 대답하더군요. "모르겠습니다. 살고 일하는 데 이유를 따져 본 적은 없어요. 그냥 했습니다. 근데 왜 물으시죠?" 가장 솔직한 대답이었습니다.

비신자들이 이 강좌에서 교사 역할을 했다는 사실 자체가 중요하다는 점을 거듭 강조합니다. 그들은 우리에게 비판할 게 많았고 그 비판은 교회가 고쳐야 할 부분을 알려 주었어요. 무엇보다 시야를 넓혀 주었지요. 그들은 주변 교회의 온갖 불의와 문제점을 짚어 주었고, 젊은이들에게 관용을 베풀었으며, 젊은이들의 두려움을 다독여 주었습니다. 비신자들이 적이 아니라 우리와 본질적 목표를 공유하고 있으며, 때로는 우리보다 더 좋은 생각과 방법을 찾아낸다는 것을 알게 된 기회였습니다. 많은 가톨릭 신자가, 특히 교회를 떠나 비판적 태도를 취하던 젊은이들이, 이 강좌에서 열린 자세와 믿음에 대해 대화하는 법을 배웠다고 했습니다.

비신자들과 대화하면서 자신이 지닌 믿음의 보물들을 발견하고, 교회가 가진 고통스런 한계를 깨달은 사람이 많습니다. 적의만 가지고는 아무것도 느끼지 못합니다. 친교가 필요하지요. 두려움과 선입견들이 점차 사라졌다는 점이 무엇보다 중요합니다. 이러한 과정을 통해 움베르토 에코Umberto Eco와 나는 서신 교환을 하게 되었는데, 그것은 『무엇을 믿을 것인가?』*In cosa crede chi non crede?*라는 책으로 출간되었습니다. (오늘날 마땅히 그래야 하거니와) 교회가 진정으로 선교하고 싶다면, 신자 수가 줄어드는 게 보인다면, 그보다 특히 온 세상으로 나아가 백성들을 가르치라 명하신 예수님의 말씀을 기억한다면, 모든 이와 대화하고, 모든 이와 우정을 나누고, 모든 이와 협력하는 것을 의무로 삼으세요. 그때 우리는 공통 관심사를 발견하고, 서로의 이야기에 세심하게 귀 기울이며, 서로에게 배울 수 있습니다. 이런 인간적 관계가 맺어지고 유지되지 않는 한 교회가 지닌 보물과 복음을 세상에 전할 수 있는 방법은 없습니다. 그리스도인은 생각이 다른 이들이나 믿음이 다른 이들, 묻고 구하는 이들과 용기 있게 관계를 맺음으로써 진면목을 드러냅니다.

이방인들에게 마음을 열 때 예수님은 우리 스승이 되어 주십니다. 예수님 당시는 이교인과 로마 병사들이 이방인이었는데, 예수님은 이교인 백인대장의 믿음에 감탄하십니다. 심지어 당신 백성의 믿음보다 더 크다 평하시지요. 예수님은 당신 가장 가까이에 있는 사람들보다 간절히 치유를 바라는 이교인 여인에게 경탄하시는가 하면, 당신에게 비판적이고 부정적인 최고 의회 의원들과도 중요한 대화를 나누셨습니다. 예수님이 아리마태아 출신 요셉과 나눈 우정은 생각이 다른 이와 친구가 되는 법을 일러 줍니다. 아리마태아 출신 요셉은 예수님의 시신을 거두고, 니코데모와 함께 시신에 향유를 바르고 장례를 치렀습니다. 예수님 오른편에 달린 죄인과 십자가 아래에 있던 로마 백인대장이 예수님을 증거하는 유력한 증인이 된 것도 우연이 아니지요. 그들이 예수님께 희망을 걸었으니까요. 이는 예수님의 구원 계획에 포함된 길이었고, 후에 바오로 사도가 용감히 투신하여 그것을 세상에 알렸습니다. 이방인을 향한 주님의 구원 계획으로 사도들 사이에 논쟁이 빚어지고, 초기 교회가 복음을 전파하는 데 많은 고난을 겪어야 했던 점도 간과해서는 안 됩니다. 이러한 논쟁은 제2차 바티칸 공의회에 이르러 어슴푸레 드러나게 되었어요. 당시 사도들의 용기 덕분에 교회는 번창하고 전파되었습니다. 오늘날 우리에게도 이런 용기가 있어야 합니다. 어려움에 처해도 물러나지 않고 전진하는 용기, 모든 이와 끊임없이 대화하는 용기 말입니다.

◀◀◀ 교회의 남성성이 비판받고 있습니다. 여성이 그늘에 가려져 있다는 것과 여성을 죄악과 연결 짓는다는 것이 주요 쟁점인데, 평생 성경을 연구하며 사신 분으로서 이에 대해 어떻게 생각하시는지요?

페미니즘의 비난을 성경에 적용한 학자가 많습니다만, 이 질문에 대해서는 성경이 우리에게 도움이 될 수 있겠군요. 성경은 남성들이 썼고, 그래서 남성들은 이야기의 전면에 등장하는데 여성들은 이야기의 배경 구실만 할 뿐이라는 거지요. 지난 시대에는 그랬던 게 분명합니다. 하지만 이제 성경 속 여성들은 그 어느 때보다 큰 주목을 받고 있어요. 성경 속 여성들의 자취를 제대로 평가하는 데는 각별한 주의가 필요합니다. 실제로 마리아 막달레나를 죄인이나 창녀로 전락시켜 버리는 잘못을 저지르기도 했는데, 성경에는 이에 대한 아무런 근거가 없습니다. 아마도 남성들의 소행일 겁니다. 예수님의 발을 눈물로 적신 죄 많은 여자가 있기는 합니다. 이름이 전해지지 않은 그 여자는 예수님의 발에 입을 맞추고 향유를 바르지요. 하지만 마리아 막달레나는 아닙니다. 마리아 막달레나를 죄인으로 만든 것은 부당한 일이에요. 성경에서는 그녀가 힘겨운 짐을 졌거나, 정신적으로 병들었거나, 일곱 마귀가 씌었다고 하는데, 예수님이 그 여자를 치유한 것을 계기로 그녀와 예수님 사이에 깊은 유대가 생겼습니다. 우리는 마리아 막달레나를 예수님 주변의 몇 안 되는 여성들 가운데서 만납니다. 그녀는 예수님의 어머니 곁을 지키면서 십자가를 진 예수님에게 신의를 다하였지요. 그녀는 부활하신 예수님을 맨 처음 만난 사람이었으며, 예수님은 그녀의 이름, 미리암을 부르며 그녀에게 말을 건네십니다. 그녀는 애정과 경외로 가득 차 "라뿌니!" 하고 응답하지요. 이 말은 '라삐'보다 더 친숙한 표현으로, 선생님을 뜻합니다. 이들의 관계는 아름다움과 신의가 충만한 애정 관계이자 치유해 주고 강화해 주는 관계, 공동체에 활기를 불어넣는 열린 관계였습니다. 예수님이 승천하신 뒤 마리아 막달레나의 내면에 하나의 중심이 형성되었습니다. 나는 소설과 영화들이 이 내적 관계를 남녀 간의 애정으로 보려는 걸 이해할 수 있어요. 사람들이 바라는 환상이 투영된 것이겠지요. 우리가 알고 있고 내가 믿는 바로는, 마리아 막달레나는 신앙인의 전형입니다. 그녀는 넘치도록 사랑하기 때문이지요. 적당히, 이성적으로가 아니라 혼신의 힘을 다합니다. 예수님은 치유와 우정으로 그녀에게 사랑의 눈을 열어 주셨어요. 마리아 막달레나는 섬세한 여성이었습니다. 그리스도교 신자라면 누구나 그 사명을 띠고 있는 사랑, 온전히 선하고 무한한 사랑을 상징했지요. 그녀는 예수님에게 '살아 있는 인간'이었습니다. 우리 모두 그런 사람을 찾아 나서야 하며, 찾게 된다면 고마워해야 할 겁니다.

    나는 교회에 가장 큰 힘이 되어 주는 기도하는 여성들, 그리고 고백하건대 남성들에게 가려진 교회의 수많은 여성을 생각합니다. 교회와 공동체와 사회에서 언제나 자의식을 가지고 앞장서는 여성들에게 나는 희망을 겁니다. 여성들은 태초부터, 하느님께서 인간을 남성과 여성으로 창조하신 때부터 동반자입니다. 교회의 남성들은 여성들에게 많은 점에서 용서를 구해야 하고, 이제는 무엇보다도 여성들을 동반자 이상으로 여겨야 합니다. 여러 해 동안 여성들은 많은 투쟁을 해 왔으며 여성운동은 꼭 필요합니다. 그러니 남성들은 두려워할 것도 없고, 변화를 도모할 필요도 없습니다. 여성들이 바라는 건 '남성'이지 결코 '유약한 남성'(Softies)이 아니라고 어느 격정적인 부인이 내게 말하더군요. 너무 솔직해서 놀랐습니다. 교회를 이끄는 일에는 조금 더 인내해 줄 것을 부탁하고 싶습니다. 교회는 점점 더 여성의 가능성을 발견해 나갈 것입니다. 그동안 많이 변화되어 왔고, 우리가 동반자적 관점에서 서로 어울린다면 더욱 변화되어 갈 것입니다. 교회마다 변화하는 속도가 다르다는 것도 유념해야 합니다. 우리 가톨릭은 조금 더딘 편이지요.

예수님의 어머니 마리아는 오늘날 더 많이 사랑받아야 합니다. 하느님은 마리아의 메시아적 가치를 크게 인정하셨습니다. 메시아의 족보에는 탁월한 여성들이 있고, 성경에서 그들은 메시아 집안과 하느님을 연결시키는 고리 역할을 합니다. 잊지 못할 용기와 구원의 희망을 지닌 비범한 여성들도 성경에 등장합니다. 성경의 여성들은 점점 강인해지고, 교회가 계속 나아가도록 돕습니다.

◀◀◀ 교회는 어떻게, 어디로 계속 나아가나요?

교회 곳곳에서 여성의 지도적 역할이 증대되고 있는 것을 확인할 수 있습니다. 로마 가톨릭교회의 신념이라기보다는 위기에서 비롯된 발전이지만, 이는 희망적인 현상입니다. 여성이 공동체를 이끄는 것은 성경의 뜻에 어긋나지 않습니다. 필리피의 리디아와 바오로의 공동체를 이끌었던 여러 여성 협력자들을 생각해 봅시다. 신약성경에서 우리는 초대교회부터 중세까지 존재했던 여성 부제들의 원형을 만납니다. 지난 수년간 여성 신학자들이 가톨릭교회에서 이 여성들이 지니는 의미를 연구했지요.

사제직에 관해서는 정교회와 의견을 나눠야 하고, 동양을 비롯한 다른 문화권의 정서를 고려해야 합니다.

1990년대에 조지 캐리George Carey 성공회 캔터베리 대주교를 방문한 적이 있습니다. 당시 성공회는 여성 사제를 둘러싼 긴장으로 힘든 시기을 보내고 있었어요. 나는 그에게 모험을 감행할 용기를 북돋아 주고 싶었습니다. 성공회가 여성들에게 더욱 공정해지고, 그 모험이 어떻게 전개될지 이해하는 것은 우리에게도 도움이 되지요. 개신교와 영국 성공회가 여성을 성직에 임명하고, 이를 통해 위대한 일치의 조화 속에서 무언가 본질적인 것을 발견한다고 해서 우리가 서운해할 필요는 없습니다. 각기 다른 전통들이 하나가 되어야 할 이유도 없고요.

◀◀◀ 추기경님은 열린 교회를 위해서라면 위험을 감수할 용기가 있으시지요. 그런 믿음은 어디서 나오나요?

나는 열린 교회를 원합니다. 젊은이들에게 문을 활짝 여는 교회, 넓게 보는 교회를 꿈꾸지요. 현실에 안주하고 미적지근한 것만 내놓아서는 매력적인 교회가 될 수 없습니다. 나는 예수님의 급진적인 가르침을 신뢰합니다. 우리는 예수님이 전하고자 하셨던 삶의 지침이자 복음인 그 말씀을 세상 곳곳에 옮겨야 합니다. 그렇다고 그곳에

원래 있던 것을 하찮게 여기라는 뜻은 아닙니다. 예수님의 말씀은 우리가 그 말씀을 경청하고 증언하는 용기를 지니고 살아감으로써 그 모습을 드러냅니다. 예수님은 고통받고 무거운 짐을 진 이들을 쉬게 하고, 부자들이 할 수 있는 일을 일러 주고, 불의에 맞서 싸우기를 원하십니다.

내게 인상 깊은 것은 예수님의 질문입니다. 그분은 '사람의 아들'이 다시 왔을 때 믿음을 발견하게 될지 물으십니다. 잘 조직된 대형 교회를 만나게 될 것인지는 묻지 않으시지요. 그분은 작고 보잘것없을망정 깊은 믿음을 지니고 그 믿음에 따라 행동하는 교회를 아끼십니다. 우리는 숫자와 성과에 종속되지 말아야 합니다. 그래야 훨씬 자유로워져서 예수님의 부름에 따르게 됩니다.

나는 주교 시절 새로운 교회 운동에 대해 많이 구상하곤 했습니다. 밀라노에서 여러 운동이 시작되었지요. 나는 그러한 운동이 우리를 미래로 이끌 것인지를 두고 고심했어요. 한편 그 때문에 평범하고 올바른 신자들을 그늘진 곳으로 내모는 것은 아닌지 자문하기도 했지요.

◀◀◀ 추기경님은 주교로서 언제나 많은 결정을 내려야 했고, 그 결과에 따른 책임을 지셔야 했지요. 바람직하고 지속 가능한 결정을 내리려면 무엇을 고려해야 할까요?

우리가 성령의 목소리를 듣고, 형제자매에게 하듯이 하느님께 물을 수 있다는 사실이 가장 중요합니다. 우리는 그분과 함께 미래를 위한 계획을 발전시킬 수 있어요. 어느 한 주교가 자기 의견을 기준으로 실행에 옮겨 봤자 통하지 않습니다. 소신을 당당히 표명하고 진리를 말하는 용기를 먼저 갖추고 나서 알맞은 시점을 인식하는 게 중요하지요. 이러한 시점을 아는 것은 성령의 선물입니다. 사랑과 감성이 전제되지 않고는, 우리가 언제나 진리를 소리 높여 외칠 수는 없습니다. 주교는 혼자가 아닙니다. 형제자매와 동료들의 말에 귀 기울일 줄 알아야 합니다.

교회는 언제나 개혁을 필요로 하며 그 힘은 내부로부터 나와야 합니다. 개인뿐 아니라 공동체와 지역 교회들도 영적 훈련을 통해 자신의 길을 되돌아보고 성공과 과오를 살필 일입니다. 예수님의 길을 성찰하고, 그분과 동행하고, 죽음과 부활을 체험하면서 공동체는 성장합니다. 이렇게 공동체가 지속되는 가운데, 우리가 세상에서 어떤 역할을 하고 예수님은 우리가 어떤 모습으로 당신께 봉사하길 바라시는지에 대한 답을 얻게 됩니다.

마르틴 루터는 위대한 개혁가였습니다. 가장 중요한 것은 성경을 향한 그의 애정이었지요. 그는 성경을 바탕으로 훌륭한 사상을 창출했습니다. 나도 성경을 연구하면서 위대한 프로테스탄트 학자들에게 정말 많은 신세를 졌습니다. 다만 교회에 개혁과 모범이 필요했을 때 루터가 굳이 자신의 체계를 세운 것은 문제라고 봅니다. 제2차 바티칸 공의회에서 가톨릭교회는 루터의 개혁에서 영감을 얻기도 했고, 내부적으로 쇄신 과정을 거치기도 했습니다. 성경의 보화들이 가톨릭 신자들에게 처음으로 너른 바탕 위에 공개되었습니다. 우리는 세상과 세상이 처한 곤경과 세상의 지식에 대한 새로운 관계를 정립했습니다. 일치 운동도 개혁의 한 결과입니다.

◂◂◂ 철의 장막 붕괴는 교회 생활에도 반향을 일으켰습니다. 성령은 바람처럼 원하시는 곳으로 오십니다. 추기경님은 어떠한 각성이 있었다고 보시는지요?

동유럽 출신의 한 주교가 우리 교구에 무척 고마워한 적이 있습니다. 철의 장막이 무너진 후 카리타스회가 동유럽에서 펼친 봉사 활동에 대한 감사였지요. 그런데 그가 덧붙인 한마디가 마음에 남더군요. "우리가 정말 좋은 것을 받기는 했지만, 서유럽의 부도덕만큼은 넘겨받고 싶지 않습니다." 가령 자신의 교구에서는 사람들이 고해소 앞에 장사진을 친다는 것이었어요. 미사 전에 고해성사를 보지 않은 사람은 성체를 영하지도 않는다면서, 서구에서는 고해성사의 의미가 상실되었다는 지적도 잊지 않더군요. 나는 그 말에 공감하면서도 한편으로는 거부감이 들었습니다. 다만 그의 교구가 지금의 축복을 유지하고, 새로 유럽연합에 가입한 그 나라에 물질주의가 밀어닥쳐도 잘 견뎌 내길 기원한다고 말할 수밖에 없었습니다. 그들이 서방의 과오를 교훈 삼아 배우기를 소망합니다. 나날이 저녁 묵주기도가 텔레비전 시청으로 대체되어 간 알프스 어느 농촌처럼 되어서는 안 되겠지요.

한탄은 아무 도움도 되지 않습니다. 압박, 도덕, 의무는 이제 효력을 다했습니다. 그래도 위대한 제안은 계속되어야 합니다. 그 어느 때보다 오늘날 많은 사람이 대화를 통해 짐을 덜고 도움 받기를 원합니다. 심리 상담가의 대기실이 늘 만원인 것도 이런 어려움 때문이지요. 여기에 교회의 자리가 있고, 교회에게 큰 기회가 있습니다. 교회는 고해성사라는 위대한 전통과 권한을 가졌습니다. 비밀이 보장된 공간이자 사적 동반이고 용서의 선물이지요. 고해성사를 당연시할 것이 아니라 제대로 활용해야 합니다. 우리는 고해성사에서 하느님이 나를 용서하신다는 것을 체험합니다. 그것은 우리가 할 수 있는 게 아닙니다. 은총입니다. 영적 동반에 정통한 사제들이 지금 절실합니다. 그 어느 때보다 사제 양성에 힘을 쏟아야 합니다. 동유럽 주교들도 기존 형식을 고수하는 태도에서 벗어나 새로운 사고를 좇아야 합니다. 어떻게 고해성사를 고대의 유물에서 탈피시키고 밝은 곳으로 끌어내어 진정한 하느님의 선물이 되게 할 수 있을까요?

"우리는 앞으로 나아가야 합니다." 요한 바오로 2세가 즐겨 하신 말씀이지요. 한탄하고 훈계하기보다는 선함과 새로움을 발견하고 강화해야 합니다. 이것이 복음입니다. 이는 개인적 대화뿐 아니라 미사와 강론에서도 마찬가지입니다. 고해성사는 이런 말로 끝납니다. "주님께서 죄를 용서해 주셨습니다. 평안히 가십시오." 아무 조건도, 단서도, 의무도 내걸지 않습니다. 예수님은 직설적으로 말씀하시지요. "너희는 세상의 소금이다"(마태 5,13). "너는 죄를 용서받았다"(마태 9,2). 나도 청소년들을 만날 때면 이런 말을 자주 합니다. 나는 그들에게서 행복과 삶의 기쁨, 이상주의, 창의성, 용기, 예술가적 상상력을 봅니다. 우리에게 맞서는 청소년들의 일리 있는 비판도 듣습니다. 예수님의 눈으로 청소년들을 바라보노라면 놀라운 반응을 체험하게 됩니다.

청소년들은 예수님께 복음주의자가 되는 법을 배울 수 있습니다. 다른 사람들의 긍정적인 점을 발견하고 그것을 더 튼튼하게 해 주는 것이지요. 교회는 이 같은 청소년들의 봉사가 필요합니다. 이때 청소년들은 주위에서 자신을 지지하고 있는 기반을 다시 느끼게 됩니다. 믿음을 향해 시선을 돌리고 부정적인 것에 매달리지 않게 됩니다. 복음은 도덕적 훈계의 대안입니다.

◀◀◀ 요즘 그리스도인의 특징은 무엇이라고 생각하세요?

용기지요. 믿음이 주는 용기가 그리스도인의 특징입니다. 그들은 하느님께서 자신을 이끌고 지탱하신다는 것을 알아요. 하느님은 다른 이의 입을 통해 정확히 말씀하시지요. 그러니 다른 사람들의 견해에 귀 기울여야 합니다. 그리스도인은 대화를 두려워하지 않습니다. 다른 생각, 다른 신앙을 지닌 사람들이나, 의심하고 만족하지 못하는 사람들과도 협력하려 하지요. 그들과 협력하고 경쟁하며 이 세상에 빛과 희망, 치유, 보호, 평화, 삶의 기쁨을 가져오지요. 일치를 이룬 그리스도인들의 협력과 종교 간 대화는 세상이 곤경에 처할수록 더욱 전진할 것입니다.

◀◀◀ 그런 협력은 어떤 모습이어야 하며, 그 중심은 어디일까요?

16세기, 오늘날에는 고통과 갈등으로 점철된 팔레스타인 땅 가자에 도로테우스Dorotheus Gazaeus라는 교부가 살았어요. 그가 유명한 신앙인의 표상 하나를 제시했지요. "세계를 원이라고 상상해 보라. 그 중심은 하느님이시고 그분의 광채는 인간들의 각기 다른 삶의 모습이다. 하느님께 가까이 가고자 하는 모든 이가 하느님이 계신 원의 중심으로 다가간다면, 그들은 서로에게 다가가는 동시에 하느님께 다가가는 것이다. 하느님께 가까이 가면 갈수록 그들은 서로에게 가까워진다. 서로에게 가까이 가면 갈수록 그들은 하느님께도 가까워진다."

◀◀◀ 종교들 간의 관계는 어떻게 보십니까? 목표는 무엇이며 모범이 될 만한 인물은 누구입니까?

교황 베네딕도 16세는 전임 교황이 주창한 바를 계승했습니다. 종교 간 대화와 '아시시Assisi 공동 기도회'가 그것입니다. 그 기도회에서는 주요 일신교 이외에도 불교와 힌두교가 함께 기도를 드렸지요. 이는 마음속 깊은 곳에서 비롯된 용기 있는 평화운동이었어요. 2007년 가을 교황 베네딕도 16세는 나폴리에서 유다교 최고위 대표자들과 다시 대화를 나누었는데, 이슬람교와 그리스도교가 초대되었고 콘스탄티노플의 정교회 총주교와 캔터베리 성공회 대주교도 참석했지요. 이 만남은 상호 종교적이고 국제적인 평화의 제전이었으며, 이 전쟁의 세계에 희망의 원천이 되었습니다.

나는 달라이 라마에 대한 그리스도인들의 존경심이 얼마나 큰지도 보았습니다. 그리스도인 정치가들이 그를 '교회의 날'에 초대했지요. 그들은 강대국인 중국과의 관계를 거는 위험을 감수했습니다. 나도 달라이 라마를 초청한 적이 있는데 그는 겸손한 사람이었어요. 그의 인격에서 열린 마음과 평화를 배웠습니다. 우리는 동양의 영성을 배울 수도 있습니다. 전부 이해하기는 힘들겠지만요. 동양의 전통을 경박하게 흉내 내거나 다른 것과 뒤섞어서는 안 됩니다. 젊은이들은 불교의 자비, 인간과 동식물을 비롯한 모든 생명체에 대한 경외심을 높이 평가합니다. 이런 사상은 성경의 창조론과도 맞닿아 있습니다. 개인적으로는 2007년 가을, 미얀마 사태 때 저항하는 승려들에게 깊은 인상을 받았어요. 젊은 승려 수천 명이 승복을 입고 맨발인 채로 자유를 위해 평화 시위를 벌였지요.

그들은 자유와 정의를 위해 목숨을 걸었어요. 오늘날 우리 가운데 누가 그렇게 목숨을 걸고 과감히 투신할까요?

마하트마 간디도 위대한 모범입니다. 그는 평화운동과 비폭력을 예수님에게서 받아들였음을 숨기지 않았지요. 힌두교의 중요 경전 가운데 하나인 『바가바드기타』와 더불어 살았고, 예수님의 산상 설교를 높이 평가했지요. 강인한 투사 간디는 비폭력으로써 힌두교의 길을 갔습니다. 그 길은 결국 하느님께 나아가는 길이자, 우리를 예수님에게로 이끄는 일이기도 합니다.

◀◀◀ 미얀마 승려들이나 간디의 모범은 다소 멀리 있는 듯 느껴져요. 그리스도교 일치 문제는 코앞에 있는데 ….

우리는 그리스도교 일치라는 긴장 상태에 당면해 있습니다. 이때 신앙의 너른 지평에서 바라보는 것이 좋습니다. 이즈음에는 누가 청소년들에게 신앙을 가르칠 것인지가 중요한 문제입니다. 그들에게 평화를 향한 길을 보여 주고, 그들의 삶을 밝혀 주고, 정의를 위해 투신하도록 그들을 강인하게 만들어 줄 사람이 누구일까요? 그리스도교 내부의 발전은 희망에 차 있습니다. 그리스도교 일치는 밑바탕에서부터 지탱되면서 실현되고 있습니다. 그러나 만약 교황이 여성 사제 서품과 동성애 수용 문제를 개신교와 토론한다면 아마 동방교회, 그러니까 정교회를 늘 고려할 겁니다.

◀◀◀ 유럽에서 이슬람교는 정치적 도전이 되고 있습니다. 우리 교회는 이슬람교에 대해 어떠한 사명을 띠고 있습니까?

나는 이슬람교에 대해 깊이 성찰하고, 룰라 예브레알Rula Jebreal과 대화도 자주 나눕니다. 그녀는 예루살렘에 있는 알 아크사 사원 예배 인도자의 딸이자 언론인으로, 현재 이탈리아에 살면서 사회문제에 몰두하고 있어요. 최근에는 이탈리아에 있는 이주자들에 대한 책을 집필했지요. 그리스도교가 뿌리 깊은 서구 국가들이 이슬람교국 이주 노동자들을 받아들이고 방문객을 맞아들이기도 합니다. 유럽에는 너무나 많은 이슬람교도가 살고 있어서 이슬람교와 그리스도교의 관계를 살피지 않을 수 없습니다. 그것은 세계 평화를 위해 중요하고 지속적인 문제입니다. 나는 세 가지를 중요한 과제로 봅니다. 첫째, 그리스도인에게 널리 퍼진 선입견과 적대적 이미지를 해소해야 합니다. 테러리스트는 코란을 근거로 삼지 못합니다. 근본주의자는 어디에나 있기 마련이지요. 교육적·사회적 진보만이 그들의 세력을 무력화할 수 있습니다. 여기에 우리 그리스도인의 당면 과제가 있습니다. 손님을 맞는 주인 입장에서 우리의 역할, 가령 이주 노동자 자녀들의 교육이나 언어 문제에서 공정해지는 것이지요.

그리스도교 종교 수업의 발전은 반가운 일입니다. 요즘 아이들은 여러 종교에 대해 배우고 있어요. 이슬람교도가 동정녀 마리아와 메시아 예수님을 믿고, 비잔틴 시대의 그리스도교 성인들도 공경한다는 것을 알게 되겠지요. 병고에 시달리는 이슬람교도들은 그리스도교 수도자를 찾아옵니다. 에페소에 있는 성모 마리아 성지에서 치유와 도움을 구하기도 해요. 이슬람 사원의 기도 형태가 시리아 전례에 가깝다는 점도 흥미롭습니다.

　둘째, 종교 간의 차이점을 살펴야 합니다. 그리스도인과 이슬람교도 사이의 논쟁은 삼위일체를 각기 달리 이해한 데서 발생했는데, 성경과 코란에서 그 가르침을 찾아내 통합할 수 있습니다. 마찬가지로 이슬람교와 유다교의 뿌리가 가깝다는 것도 알 수 있어요. 중세기 위대한 유다인 철학자 모세스 마이모니데스Moses Maimonides는 말하기를, "유다인은 한동안 박해를 받다 보면 자신을 보호하기 위해 이슬람교도가 될 수도 있다. 하지만 그리스도인은 그럴 수 없다. 유일신 신앙은 그들의 삼위일체설과 모순되기 때문이다"라고 했습니다. 우리 그리스도인에게 이슬람과의 관계는 '한 분이신' 하느님에 대한 믿음을 두고 벌어지는 도전입니다.

　셋째, 실천 방법에 주목해야 합니다. 이슬람교도와 그리스도인이 개인적으로 대화를 하거나, 용기 있게 종교 문제에 대해 이야기할 때 어떤 모습으로 서로를 받아들이는지 눈여겨봐야 합니다. 이슬람 친구들을 성당에 초대하거나, 이슬람 사원에서 열리는 기도회에 우리가 참석해 보는 건 어떨까요? 우리가 이러한 모습을 꿈꾸는 걸 보면 이슬람교가 그리스도교의 파생 종교라는 사실을 새삼 확인하게 됩니다. 그리스도교가 유다교의 파생 종교인 것과 마찬가지이지요.

성경의 핵심 개념인 '의로움'에서 일신교들이 서로 가깝다는 것을 파악할 수 있습니다. 의로움은 하느님의 본성입니다. 예수님은 최후의 심판에서 선과 악을 구별하는 기준으로 의로움을 말씀하셨습니다. 의로움은 보잘것없는 이와 굶주린 이, 목마른 이, 헐벗은 이, 갇힌 이, 병든 이를 위한 투신입니다. 의인은 사회적 불평등에 맞서 싸웁니다. 코란은 의인이 독실하다고 말합니다. 코란 2장에 나오는 한 구절을 그리스도인에게 소개하고 싶습니다. "기도할 때 고개를 동서로 돌리는 것이 의로움이 아니다. 알라와 내세와 천사와 성경과 예언자를 믿는 자, 천지와 고아와 가난한 이와 나그네와 구걸하는 이에게 가진 모든 것을 사랑으로 내어 주는 자, 갇힌 자를 풀어 주고 기도를 바치고 적선을 베푸는 자, 약속을 이행하고 고통과 역경을 감내하고 전쟁의 참화를 인내하는 자가 바로 의로운 사람이다. 이런 사람이야말로 알라를 경외하는 자다."

◀◀◀ 가톨릭 주교로서 이슬람 사원 첨탑을 짓는 문제와 여교사의 히잡 착용 문제는 어떻게 보시는지요?

이슬람 사원 첨탑은 이슬람교도가 기도할 때 그들을 한데 모으는 기능을 하지요. 문제는, 그 지역에 얼마나 많은 이슬람교도가 살고 있으며, 하루 다섯 차례 기도를 얼마나 잘 실천하느냐입니다. 신도 수가 많다면 첨탑이 필요할 겁니다. 그리스도인이 많은 동네 성당에 종을 매다는 것과 비슷하지요. 그리스도교 신자가 다른 종교 신자들보다 적다면 성당 종을 고집하기는 힘들지 않을까요?

히잡은 신앙고백의 상징입니다. 무조건 반대하지는 않아요. 여교사나 여학생이 학교에서 히잡을 쓰고 말고는 국가가 결정할 문제입니다. 민주 사회는 종교 공동체들을 동등하게 대할 것입니다.

7장 불의에 맞서라

전 어른들처럼 되고 싶지 않아요. 어른들은 돈과 성공 말고는 중요한 게 아무것도 없는가 봐요. 환경이 파괴되건 말건 관심도 없어요. 저는 돈보다 사람이 더 중요하고, 단순하게 사는 게 좋아요. 가난한 사람들을 착취하지 않는 정의로운 세상이 되었으면 좋겠어요. 누가 저를 이해해 줄까요?

벤야민

◀◀◀ 믿음이 정치에 어떤 영향을 미칠까요?

우리는 그리스도인으로서 예수님께 주목합니다. 예수님은 완전한 새로움의 바탕, 즉 교회의 바탕이시지요. 예수님은 하느님의 명령을 실천하셨습니다. 선택받은 민족 이스라엘 곁에 평화의 도구를 세우셨지요. 이로써 그분은 최전선에 나아가 정치권력과 싸웠습니다. 헤로데와 빌라도에 맞서고, 바리사이와 사두가이와 최고 의회에 맞서 논쟁하면서, 정의를 위해 열정적으로 투신했습니다. 그러므로 예수 그리스도의 교회는 세상이 더욱 정의롭고 평화로워지는 데 공헌해야 합니다.

성경에 따르면 정의는 법과 자비를 넘어서는 하느님의 본성입니다. 보호받지 못한 이들을 위해 투신하고, 생명을 구하며, 불의에 맞서 싸우는 것입니다. 정의란 모든 이가 평화롭게 살도록 능동적·공격적으로 활동하는 것입니다. 정의는 법이 법률에 규정된 대로 모든 사람을 잘 살게 해 주고 있는지 감시해야 합니다. 예수님은 정의를 위해 당신 삶을 바치셨습니다. 그분은 권력자들과 대화하려 하셨지만, 권력자들은 예수님이 자신들을 방해한다고 느꼈을 따름입니다. 예수님은 가난한 이와 고통받는 이, 죄인, 이교인, 이방인, 억압받는 이, 굶주린 이, 갇힌 이, 무시당하는 이, 어린이와 여성의 편에 계셨습니다. 그런데 이런 사람은 반감을 사기 마련이지요. 목자 없는 양 떼 같은 사람들 편에 서는 이, 그들을 모아 자의식을 일깨우는 이는 권력자에게 위험한 존재입니다. 예수님께 '가난한 이들을 위한 선택'(Option für die Armen)을 물려받은 그리스도인들은 지금도 여전히 반대와 저항에 부딪힙니다. 라틴아메리카의 해방신학자들이나 복지국가의 사회사업가들이 반대에 부딪히는 이유는, 그들이 가난한 이들 편에 서 빈곤에 맞서 투쟁하기 때문입니다. 그들은 이 투쟁이야말로 하느님을 만나는 특전을 입은 자리라는 확신으로 살아갑니다.

◀◀◀ 예수님도 '정치적 전략'을 갖고 계셨을까요?

"황제의 것은 황제에게 돌려주고, 하느님의 것은 하느님께 돌려 드려라"(마태 22,21). 권력 분배에 대한 질문에 예수님은 이렇게 답하셨습니다. 종교 기관과 국가 기관, 인권 단체와 사회적 기업, 국가 조직 간의 협력이 중요합니다. 배고픈 이들이 없을 때까지 온 힘을 다해야 합니다.

예수님의 성품은 원수에 대한 사랑에서 드러납니다. 신학자 핀카스 라피데가 그 사랑을 정확히 표현했습니다. 라피데는 깊은 존경심으로 예수님의 '원수 사랑'에 대해 이야기했지요. 여기에는 평화를 이룩하는 과정에서 꼭 필요한 능동적·독창적 측면이 분명히 드러납니다. "오른뺨을 치거든 다른 뺨마저 돌려 대어라"(마태 5,39) 하신 말씀은 네 원수를 깜짝 놀라게 하여 어떤 일이 일어나는지 지켜보라는 뜻입니다. 상대방보다 먼저 행동하여 깜짝 놀라게 하고 다가가면 적의는 사그라집니다.

　예수님이 복되다 하신 이는 누구입니까? 이것은 산상 설교에서 드러납니다. 그들은 승리한 사람이 아니라 쫓기는 사람입니다. 행복한 사람이 아니라 슬퍼하는 사람입니다. 부자가 아니라 가난하고 굶주린 사람입니다. 순응하는 사람이 아니라 학대받는 사람입니다. 예수님은 가난한 이들에게 저 깊은 곳에 있는 내면의 힘을 일깨웠고, 이를 통해 정치를 펼치셨습니다. 예수님의 정치적 전략은 사람들이 처한 곤경을 알아차리는 것에서 출발합니다. 게다가 예수님은 그들과 함께 생활하십니다. 수많은 사람이 그분께 도움을 청하자 그분은 체념하기보다 젊은이들을 찾아 동료로, 사도로 기릅니다. 예수님의 제자 양성은 전적으로 '정치적'이었습니다. 제자들은 예수님이 원하신 바를, 예수님이 이끄셨거나 이끄셔야만 했던 정적政敵과의 치열한 논쟁을 통해 배웠습니다. 예수님은 제자들로 하여금 인간의 존엄성과 이교인이 처한 곤경을 주시하도록 하셨습니다. 제자들은 도움을 구하는 이들에게 다가가서, 모든 인간에게 주어지는 하느님의 사랑을 그들도 느끼도록 해 주어야 했습니다.

　예수님의 삶은 십자가에서 정점에 이릅니다. 그분은 헌신의 대가로 목숨을 내놓으셔야 했습니다. 성공을 이루기 위해서는 성공을 포기해야 하는가 봅니다. 이것은 악에 대한 신중한 전략 이상의 것입니다. 이성적으로는 목숨을 내놓는 것을 쉽게 설명할 수 없으나, '그분'에 대한 신뢰 안에서는 가능한 일입니다.

◀◀◀ 교회 정치에서 정의는 어떤 의미인가요?

돌아가신 교황 요한 바오로 2세는 교회 정치적으로 용감히 앞장선 분이셨습니다. 정의·평화·피조물 보호에 대해 그분이 한 말을 각계각층에서 받아들였지요. 누구보다도 사회정책 전문가들이 흔쾌히 받아들였습니다. 일신교뿐 아니라 불교와 힌두교 대표들까지 아시시에 모여 함께한 공동 기도회는 세계 평화에 크게 기여했지요. 교황 요한 바오로 2세가 철의 장막이 무너지는 데 의미 있는 역할을 했다는 사실은 공공연한 비밀입니다. 그는 조국의 아픔을 함께하고 조국에 대한 연민을 버리지 않았어요. 조국을 한시도 잊은 적이 없었고, 그럼으로써 강인한 투사가 된 것이지요.

유럽연합 내에 새로운 전선이 나타나고 있습니다. 이른바 '문명의 충돌'입니다. 그리스도교와 이슬람교의 대립에서 가장 첨예하게 드러나지요. 구체적으로, 우리는 유럽에 있는 이슬람교도를 어떻게 대해야 할까요? 종교가 유럽과 터키 사이를 방해하고 있나요? 교회가 너무 관대한 걸까요? 더욱 공격적이어야 할까요? 아무튼 우리는 더 나은 그리스도인이 되어야 할 것이며, 논쟁의 결과는 사랑하는 하느님께 맡겨 드리는 편이 좋겠습니다.

◀◀◀ 교회는 이러한 충돌을 크게 실감하지 못하는 듯합니다. 아니면 아직 눈치도 못 채고 있는 걸까요?

그렇다면 정말 걱정스러운 일입니다. 세례자 요한은 그가 맞닥뜨린 불의를 세상의 죄라 칭했습니다. 세상의 죄는 정말 친근한 얼굴을 하고 있습니다. 속임수지요. 죄악의 위험성은 정말 모호합니다. 우리 나라에 있는 망명 신청자들의 사정이 어떤지, 부모와 자녀가 얼마나 많은 시간을 보내는지, 얼마나 많은 청소년이 희망 없이 살아가는지, 노동자들이 얼마나 스트레스에 시달리는지, 고소득자들이 받는 스트레스는 또 얼마나 큰지 등을 밝혀야 합니다. 이런 이유로 파괴되는 가정이 많기 때문입니다. 범세계적 죄악에 무감각해져서도 안 됩니다. 에이즈, 환경 재난, 기아, 빈곤, 전쟁, 피난, 의료와 교육 혜택을 받지 못하는 아이들, 학대받는 여성들이 우리에게 도움을 호소합니다. 이렇게 고통받는 이들을 이해하고 사랑하기 위해 우리는 행동에 나서야 합니다. 나는 이곳 예루살렘에서, 해소할 길 없어 보이는 그리스도인과 유다교도와 이슬람교도 간의 갈등 한가운데 살고 있습니다. 여기서는 그 충돌을 세계 어느 곳에서보다 뚜렷이 감지할 수 있습니다. 나는 다방면으로 그들과 만나고 고통에 귀 기울이면서 매일 평화를 위해 기도합니다.

인도에서 선교하면서 가난한 이들의 고통을 목격한 프란치스코 하비에르Francisco Xavier를 자주 떠올립니다. 그는 소르본 대학 강의실로 돌아와 이렇게 외치고 싶어 했습니다. "세상의 고통이 얼마나 큰지 보이지 않는가? 당신들의 투신을 바라며 절규하는 소리가 들리지 않는가?"

세상의 죄는 과소평가해서도 안 되고, 개인적 결함으로 치부해서도 안 됩니다. 죄악은 결단을 촉구하는 호소입니다. 누가 예수님과 함께 불의에 맞서 싸울 준비가 되어 있습니까? 누가 이 투쟁에서 예수님처럼 손해와 비방과 고뇌를 감수하겠습니까? 세상은 용기 있는 젊은이들을 향해 애타게 부르짖고 있습니다.

◀◀◀ 개인은 세상의 곤경과 불의 앞에 무력하지 않나요?

텔레비전이나 신문으로만 재앙을 접할 때는 무력한 기분이 들지만, 직접 누군가를 도울 때는 나 자신의 힘을 느낍니다. 방관은 우리를 우울에 빠지게 하는 반면, 도움은 놀라운 체험을 가져다줍니다. 내가 한 생명을 구할 수 있고, 하느님의 도움과 능력에 의지할 수 있다는 체험 말입니다. 사회 기관과 자선 기관의 지상 과제는 선의지를 지닌 모든 이, 우선적으로는 젊은이들에게 자신을 필요로 하는 상황과 사람에게 접근할 수 있는 길을 마련해 주는 것입니다. 이러한 '다리 놓기'는 현대의 사회사업이 개발해 내야 할 일종의 기술입니다.

젊은이라면 누구나 불의와의 한판 승부에 참여할 권리가 있습니다.

◀◀◀ 신뢰를 회복하고 정의에 투신하기 위해 젊은이들이 무엇을 하면 좋을까요?

질문을 조금 바꿔 보고 싶습니다. 오히려 어른들이 젊은이들에게 신뢰를 얻어야 하는 건 아닐까요? 우리보다 젊은이들이 정의에 앞장섭니다. 대기업을 상대로 환경 파괴에 대한 경각심을 일깨우고 이의를 제기하는 사람이 누구인가요? 젊은이들은 우리 신학자들이 피조물이라 부르는 것을 새롭고 섬세하게 의식하고 있습니다. 우리는 그저 감격할 따름이지요.

내가 젊은이들에게 가장 기대하는 것은 각성입니다. 사회봉사의 해, 일일 선행, 그리스도교 심화 모임은 엄청난 잠재력을 지니고 있습니다. 때때로 그 잠재력은 우리가 입김을 불어 줘야 하는 작은 불씨이기도 하지요.

◀◀◀ 하느님의 이름을 정치에 이용하는 것은 위험하지 않나요? 정당들이 그리스도교를 파는 건 교만이겠지요?

좋은 것은 악용될 수 있습니다. 절대자도 마찬가지고요. 나는 하느님의 이름으로 침략 전쟁을 일으키거나, 대중의 인기에 영합하려는 속셈으로 그리스도교가 선거에 이용되는 것을 경계합니다. 그리스도교는 우선 정의로운 행동으로 자신을 입증해야 합니다. 최후의 심판을 말씀하실 때 예수님은 매우 구체적인 예를 드셨습니다. 굶주린 이를 먹이고, 헐벗은 이를 입히고, 병든 이를 치료하고, 갇힌 이를 찾아가고, 슬픈 이를 위로하고, 이방인을 받아들이는 겁니다. 그에 따른 여러 난관과 박해를 인내하는 것도 포함되지요. 이러한 행동을 보고 사람들이 우리가 그리스도인임을 알게 되기를 바랍니다. 거꾸로 우리가 하느님을 이야기하면서 그분의 본성인 정의에 부합하지 않는 행동을 한다면 끔찍한 일이겠지요. 나는 이 점을 염두에 두고 '하느님'이라는 단어가 유럽연합 헌법에 존재해야 하는지에 대한 토론을 지켜봅니다. 각국 정부가 고심 끝에 신앙고백을 결정한다면 반드시 교회 일치와 이슬람교도와 유다인에 대한 개방에 주의를 기울여야 합니다. 의로우신 하느님에 대한 믿음이 우리를 결속시킬 것입니다. 하느님을 이야기할 때는 진지해야 하며, 그렇지 않다면 그분의 이름을 입에 올리지 않는 편이 낫습니다.

◀◀◀ 그리스도교가 끊임없이 계승되고 새롭게 피어나려면 어른들은 청소년들을 어떻게 대해야 할까요?

당신의 아이들에게 파괴되지 않은 세계를 물려주세요. 그들로 하여금 전통 속에, 특히 성경 속에 닻을 내리게 하세요. 자녀들과 함께 성경을 읽으세요. 젊은이들을 깊이 신뢰하세요. 그들 스스로 문제를 해결할 겁니다. 아이들에게 경계를 그어 주는 것도 잊지 마세요. 그들에게 정의가 그 어떤 것보다 가치 있는 것이 될 때, 그들은 고난과 비난을 견뎌 내는 법을 배우게 될 겁니다.